融合教育
实践指南

写给班级教师的融合策略
（幼儿园版）

朱霖丽 戴玉蓉 著

A Practical Guide to
Inclusive Education

Strategies for Class Teachers to Support Preschool Children
with Special Educational Needs

上海交通大学出版社
SHANGHAI JIAO TONG UNIVERSITY PRESS

内容提要

本书系 2022 年度教育部人文社会科学研究项目《提升西南民族地区学前融合教育质量的路径及政策保障研究》(22XJC880014)的成果之一。基于学前融合教育的发展背景和学前融合教育实验点的行动研究情况,本书从概论、入园篇、学习篇、常规篇、情绪篇、游戏篇、社交篇和生理篇这八个方面梳理了学前融合班级经营的实施要点和支持策略,不仅有循证依据和理论基础,还呈现了丰富的案例分析、视觉材料、评估检核表等经验总结,力求解决学前融合教育实践中的"堵点""痛点"和"难点",提升学前融合教育质量。

本书适合学前融合教育工作者(包括幼儿园管理者、幼儿教师、巡回指导教师、特教教师、康复治疗师等)、特需幼儿的家长以及特殊教育等相关专业的孩子阅读参考。

图书在版编目(CIP)数据

融合教育实践指南 : 写给班级教师的融合策略 : 幼儿园版 / 朱霖丽,戴玉蓉著. —上海 : 上海交通大学出版社,2023.7

ISBN 978 - 7 - 313 - 28854 - 7

Ⅰ.①融… Ⅱ.①朱…②戴… Ⅲ.①学前教育-教学研究 Ⅳ.①G612

中国国家版本馆 CIP 数据核字(2023) 第 103144 号

融合教育实践指南——写给班级教师的融合策略(幼儿园版)
RONGHE JIAOYU SHIJIAN ZHINAN——XIEGEI BANJI JIAOSHI DE RONGHE CELUE(YOUERYUAN BAN)

著　　者:朱霖丽　戴玉蓉			
出版发行:上海交通大学出版社	地　　址:上海市番禺路 951 号		
邮政编码:200030	电　　话:021 - 64071208		
印　　刷:常熟市文化印刷有限公司	经　　销:全国新华书店		
开　　本:710mm×1000mm　1/16	印　　张:16.25		
字　　数:281 千字			
版　　次:2023 年 7 月第 1 版	印　　次:2023 年 7 月第 1 次印刷		
书　　号:ISBN 978 - 7 - 313 - 28854 - 7			
定　　价:88.00 元			

前　言

在写这本书的过程中,我偶尔会想起我接到的第一个学前融合个案——Anna,她是我真正开始做学前融合教育实践和研究的"初心"——特需幼儿首先是孩子,而不是某种障碍。我看到的、我所了解的Anna,她在某些方面需要支持,可她归根究底还是一个普通的小女孩,倔强敏感,可爱善良。哪怕已过去多年,有一幕场景我仍记忆犹新:户外游戏课时,Anna在树底下捡了一片枯叶,她很喜欢,把它举高给我看,我说:"哇! Anna,你找到了一片好美的叶子!"她笑得特别开心,然后非常珍重地把枯叶放进口袋中。所以,大人们究竟是经历了多少次的脱胎换骨才褪去了纯真和好奇?

《游戏治疗》①中有一段我特别喜欢的话,在这里与大家一起分享,与君共勉:

我并不是什么都知道,

因此,我不需要试图表现得好像什么都知道;

我需要被爱,

因此,我要敞开心扉关爱孩子们;

我想要更多地接纳自己内心中的"孩提成分",

---

① 加利·兰德雷斯著;雷秀雅,葛高飞译. 游戏治疗[M]. 重庆:重庆大学出版社,2013:5.

因此，我要怀着好奇与敬畏的心来允许孩子们照亮我的世界；

我对儿童期各种错综复杂的现象知之甚少，

因此，我会让孩子们教我；

我自身的努力奋斗对我影响深远，也使我受益匪浅，

因此，我要加入到孩子们的"努力奋斗"中去；

我有时需要获得慰藉，

因此，我会给予孩子慰藉；

我希望自己的本性被他人完全接受，

因此，我会努力体会和赞赏孩子的本性；

我会犯错误，错误是我存在形式的宣言——我是人类，是人类就可能犯错，

因此，我会容忍孩子们所犯的错误；

我通过主观情感的内化和表达来对我的客观世界产生影响，

因此，我会放松对客观事件的把握并尝试进入到孩子的内心世界中；

作为能提供答案的权威人士的感觉很棒，

因此，我会做足工作让孩子们不依赖于我，自己解答问题；

我在感到安全时会显得更加轻松自在，

因此，我会与孩子们保持交流与互动；

我的生活只有我自己才能过，

因此，我不会尝试去约束一个孩子的生活；

我从亲身经历中学到的东西最多，

因此，我会尽量让孩子去自己经历更多的事情；

我对人生的希望以及对生活的信念都来源于我自己内心深处，

因此，我会认可和肯定孩子的意志和个性；

我无法赶走孩子们内心的伤痛、恐惧、沮丧和失望，

因此,我要尽量让孩子们免受伤害;

当我脆弱的时候我会感到恐惧,

因此,我在触碰孩子易受伤害的幼小心灵时会满怀着亲切与温柔。

最后,感谢 Anna,感谢我所遇到的孩子们,感谢你们让我陪伴你们一起成长。我的儿童观的形成不是来自理论,而是你们,是你们让我再次学会我可能已经淡忘的全心全意、纯真、好奇和爱,以及学会接纳我自己生命的独特性;是你们让我在学前融合之路上没有迷失自我,而是对儿童充满敬意,以及更加珍视自己身上的"孩提成分"。

愿中国的学前融合教育不断完善。

愿孩子们和大人们都被温柔以待。

朱霖丽

2023 年夏

目　录

第一部分

概　论

一、什么是学前融合教育

学前融合教育，简单来说，就是有特殊教育需要的幼儿在普通幼儿园的普通班级中与同龄人一起接受教育的一种形式。但是，学前融合教育并不是简单地将所有幼儿放在一个幼儿园里就可以了，高品质的学前融合教育需要重新构建、创造一个有着"接纳—包容—支持"文化的融合班级和幼儿园。融合班级的老师会尊重每一个幼儿的特点和需求，不会因幼儿有特殊的教育需要而排斥他们，而是致力于通过各种措施扫除这些特点和需求所造成的适应困难或者学习障碍，让每个幼儿都尽可能地获得最佳的潜力发展[1]。

根据特需幼儿在园融合的时间，可将学前融合教育的模式分成三个层级：环境融合、半融合和全融合（见图 1-1）。全融合是每一个"融合教育人"的理想追求，但在一些现实条件的限制下，可能没办法马上实现全融合，那么半融合和环境融合的作用就凸显出来了。

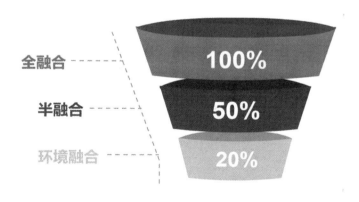

图 1-1　学前融合教育的三级模式比例

---

① 昝飞.融合教育：理想与实践[M].上海：华东师范大学出版社，2016：p7.

（一）环境融合

环境融合有三种形式：每周有两个半天左右的时间在班融合或者每天进行两个左右的环节融合、活动融合。每种形式各有利弊，但都需要对班级老师和家长进行有针对性的主题培训，对特需幼儿提供较高频率和强度的个别化支持。这种支持是直接性的支持与服务。

• 环境融合在融合教育中的意义是什么？

对普通的小朋友来说，他们逐渐能够理解身边有一个和自己不一样的孩子，能够学会理解"每个人是不一样"的，感受"多元·接纳"的班级氛围，学习同理他人的不容易，如：同理小白身体不舒服，才会有各种看似破坏规则的行为问题等。

普通小朋友们在自己"学校生涯之初"就遇到了小白，同作为"接受启蒙教育"的小伙伴，对于和自己同一批入园的同伴的包容接纳度会比"空降、插班"而来的小白的接纳度要高。这比中班、大班才去上学要更容易相互了解！而且小白作为社会人，也需要环境来提升对"同伴"的感知。

但请各位家长和老师注意：处在环境融合的特需儿童，更多的时间还是要进行大量的针对性个训。影子老师和个训老师的合作、沟通如果做好了，融合才能事半功倍！没有团队合作的融合，效果可能会"大打折扣"。

（二）半融合

"半融合"又叫"部分融合"，有两种形式：半天在班融合、半天在园外康复；半天在班融合、半天在园内康复。

对于所有孩子而言，在儿童发展关键期内处于丰富的、能积极反馈的学习环境是十分重要的。对于有发展问题的特需儿童更是如此。一个要求更高的环境可能会促使特需儿童进一步发展更适当的行为、获得学习契机,这样孩子会具有更强烈的学习动机并更容易获得某一特定技能。如果老师能识别这些契机,采用最近发展区的原理,将孩子引导至适当的发展空间,就能丰富孩子的学习经验。这需要我们成人去了解教学契机的意义,影子老师也要指导环境中的人如何发现这些契机以及如何共同合作。

部分融合的形式也为我们提供了改变环境、改变班级老师、改变"融合小天使"(特需儿童的同伴)的契机。我们所运用的关于支持与改变普通班级环境的策略也大都发生在部分融合之中。部分融合的具体形式与内容,康复与融合的比例、场地,融合课程的频率与支持人员的统筹等,需要经过专业的影子老师的团队评估来判断与确定。

（三）全融合

真正的学前融合教育,始于环境融合,忠于全融合。全融合指特需幼儿一周五天都在普通幼儿园接受融合教育支持(包含在资源教室的服务时间)。但是,完全融合也是分层级的,并不是只要特需幼儿在普通学校待着就等于完全融合了,是否给予特需幼儿和班级老师充分的支持和服务是影响融合教育品质的重要因素。

（四）学前融合金字塔

学前融合教育包括三大阶段:幼儿园准备期、幼儿园适应期和小学准备期。特需幼儿的学前融合能力包括两大板块:学习力和社交力。学习力的三大内容是:学习行为、学习习惯、学业水平;社交力的三条标准线为:社交生存线(包括如何反霸凌、如何解决冲突)、社交及格线(包括社交的启动—礼仪—维持—结束)和社交优秀线(社交"天花板"——同理他人)。

在学前融合金字塔中,学习力是特需幼儿在幼儿园融合的基础,提升学习力就是提升幼儿园生存的概率;社交力是特需幼儿融入社会的基础,提升社交力就能满足全生涯融合的需求、提升幼儿园融合的品质。

对于不同学前融合教育模式下的特需幼儿,班级老师所提供的支持也不同。具体而言:

- 对于"环境融合"的特需幼儿,班级教师的工作至少需要包括学前融合金字塔中①～⑥的内容;
- 对于"半融合"的特需幼儿,班级教师的工作至少需要包括学前融合金字塔中①～⑦的内容;
- 对于"全融合"的特需幼儿,班级教师的工作需要包括学前融合金字塔的全部内容。

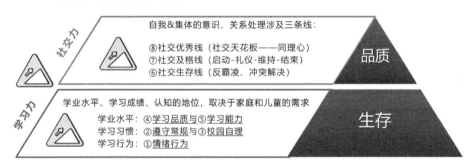

图1-2 学前融合金字塔

二、什么是特需幼儿

特需幼儿也就是SEN(Special Educational Needs)幼儿,是指有**特殊的教育需要**的幼儿。这些孩子拥有不同的特殊的教育需求,比如:认知/学习的需求、沟通/社会互动的需求、感官的需求、动作的需求、身体健康的需求、情绪/行为的需求,等等。它既包括身心障碍的幼儿(如:智力障碍、学习障碍、言语语言障碍、自闭谱系障碍、视觉障碍、听觉障碍、肢体障碍、情绪行为障碍、发展迟缓），也包括资赋优异的幼儿。

对于特需幼儿一词，我们从"去标签化"的目的出发，基于以儿童为中心的观点，以一个更中性、更亲和的角度将有特殊教育需要的儿童称为"小白"。"小白"一词不仅意味着特需幼儿在融合之路上的懵懂和茫然，也意味着我们融合教育工作者对于探索中国融合教育的艰辛和满怀希望，还意味着我们所坚持的儿童观：**所有的孩子首先是孩子，我们要更关注孩子的需要而非仅仅只是障碍本身。**

【思考题】

　　作为班级老师，为什么需要给班里的特需幼儿"去标签化"？可以采取什么策略"去标签化"？

三、如果孩子的能力很弱，去幼儿园融合的意义是什么

在学前融合的实践过程中，我们会听到这样一些声音"我们班那个孩子能力这么差，家长为什么要送来上幼儿园？为什么不去康复机构训练好了再来？""既然有特殊学校，那应该也有特殊幼儿园吧，不能把那些孩子直接送去特殊幼儿园吗？为什么要来我们这里融合？"

这些声音背后的困惑其实就是：如果孩子的能力很弱，有必要去幼儿园融合吗？去幼儿园融合的意义又是什么？

答案是有必要。因为我们要在自然的"正常化"的环境中，给予特需幼儿最真实的体验。这些体验包括上学体验、学习体验、社交体验。社交能力不是凭空产生的，而是需要体验、经历与学习的。也就是说，特需幼儿听不进去、学不进去、吸收不了知识却还是去融合的意义在于：在真

实的、自然的、多元的环境中习得社会性技能，提高自我管理能力和影响社交核心的心智水平。此外，如果没有幼儿园融合的经验，特需幼儿直接上小学，会导致家长和孩子都很焦虑。一是因为从来没有融合经验，家长不知道融合环境中孩子容易出现问题的典型情况，也不知道如何做好预防。二是因为特需幼儿缺乏和普通孩子相处的真实的、丰富的体验，不知道面对真实环境中出现矛盾的应对策略。

请注意：第一，我们希望孩子无论能力高低，都应该去幼儿园融合，但不是指每一个孩子都每天全天在幼儿园——我们需要根据孩子的实际情况选择融合的模式（全融合、部分融合、环境融合）。第二，要区分"真融合"和"假融合"，对于能力很弱的孩子，如果让他们单独待在环境中，不给他们提供有效支持，就容易让孩子形成"习得性无助"——这种是"假融合"。"真融合"会给孩子提供"有效支持"。"有效支持"的核心是精准的视觉支持材料，并且基于精准的视觉支持材料，会有系统的评估与计划、辅助与退出策略、精准的语言输入和输出策略、满足孩子生理和心理需求的策略，等等。

第二部分

入园篇——不打无准备之仗

一、孩子不喜欢上幼儿园，怎么办

很多孩子刚开始上幼儿园时都很不习惯，幼儿园开学的第一个月，从校门口到教室里，都充满着孩子们撕心裂肺的哭声。有一些孩子可能很快就能适应，有一些孩子却不行，真正适应可能需要用比一个月更多的时间。孩子在上幼儿园之前从来没有离开过父母的照顾和陪伴，没有过这种集体生活，也很少在一天里离开父母数个小时。孩子不喜欢上幼儿园，该怎么办？

首先，我们来看看孩子不喜欢上幼儿园的原因有哪些。

（一）孩子为什么不喜欢上幼儿园

1. 不愿意和父母分开

孩子早上上幼儿园情绪波动大，提到幼儿园就开始闹情绪，到了幼儿园门口不愿意进去，需要老师抱进去；或者有一些反应较慢的孩子，到教室门口后才意识到要上幼儿园了，不愿意进教室，吵着要爸爸妈妈；还有一些孩子会受到其他小朋友的影响，其他小朋友在喊着"爸爸妈妈"，小白情绪被感染后也吵着要爸爸妈妈，等等。

2. 不想进教室

前面我们提到有些小白走到教室门口后死活不愿意进教室，他们可能是到教室门口后回想起来在教室里可能有过不好的社交体验，比如被同伴欺负、遭受到校园霸凌，因此不想进教室。

3. 不喜欢被束缚

孩子在进入幼儿园之后，就需要开始遵守很多的规则，这就意味着他们要被动地去做很多事情，想做一些事情的时候，不能想做就做了，比如玩玩具，幼儿园的课程表上已经计划好了哪一天哪个时间段玩什么玩具,如果孩子并不喜欢或者不擅长玩这一类的玩具,但他又不能玩自己喜欢的玩具,就有可能会让孩子感觉到玩也变成了一种压力。

4. 分离焦虑

分离焦虑是导致孩子不愿意上幼儿园的原因之一。每个孩子分离焦虑的程度不同,有些孩子只要一听到要和父母分开就情绪爆发,有些孩子可能过了一会儿就会被其他事情吸引,分散注意力,忘记了与父母分开这件事,有些孩子可能一整天都会吵着要爸爸妈妈。在影子老师的实践经验中,就有这么一个孩子,他嘴巴里一整天都在念叨着"要回家了",对于其他事物的注意力很短暂,比如老师引导孩子玩游戏,孩子可能情绪会有一些好转,但只要游戏结束,孩子立马又恢复到悲伤的情绪,继续向老师表达"要回家了",并且这样的情况持续了至少一个月。这就属于分离焦虑程度比较严重的孩子。

5. 缺乏反霸凌技能

孩子在学校如果遇到校园霸凌,但是却不知道该如何应对,这就有可能造成孩子不喜欢上幼儿园。因此,孩子需要具备反霸凌意识和习得反霸凌技能,为此,我们研发制作了一系列的反霸凌课程。

6. 情绪问题

孩子的情绪问题也是影响因素之一。影子老师在实践中,遇到过很多孩子都有一定程度的情绪问题,情绪问题往往[1]属于紧急且重要的任务,如果小白不能控制自己的情绪,则会在校门口表现出强烈的情绪,如哭闹、喊叫等,还会在家长提到幼儿园时情绪爆发。

7. 规则意识弱

孩子进入幼儿园之后,要开始学会遵守集体规则。幼儿园和家里相比,自然是多了很多规则要遵守,孩子不能再"随心所欲",想玩什么就玩

---

[1] 此概念源于时间管理的理论,具体见书籍《融合教育实践指南——家校合作实务》。

什么了。如果孩子的规则意识弱，不懂得听从老师的指令，那就很有可能造成孩子不能跟随集体活动的情况，不利于孩子的融合。

8. 生活自理能力不足，产生习得性无助

在幼儿园里孩子要开始学会自己照顾自己，很多事情要慢慢学着自己去做了，比如自己去上厕所、洗手、拿杯子接水喝、吃饭、收拾餐具、午睡前自己换衣服、起床后自己穿衣服等。如果孩子的生活自理能力不足，而孩子的生活自理水平又远远达不到时，就很有可能造成孩子的习得性无助，产生强烈的挫败感，有可能造成孩子不喜欢幼儿园。

（二）应对策略

如果出现了孩子不喜欢上幼儿园的情况，作为班级老师，该如何帮助孩子增强上幼儿园的动机、调节情绪呢？

1. 摆放熟悉的玩具

孩子会因为来到一个新环境，无法适应，而导致情绪出现波动。适应环境，是孩子接受幼儿园的重要能力之一。因此，影子老师可以利用孩子熟悉的玩具，帮助孩子逐步打开接纳幼儿园的心门。玩具必须是比较小，但又安全的。玩具可以放在孩子的衣服口袋中，给孩子一定的心理安慰。如果孩子想要玩自己的玩具，影子老师可以辅助孩子将玩具和幼儿园教室里的教具结合在一起游戏。比如：当孩子带的是一个小汽车玩具，可以将小汽车和积木玩具结合：假装小汽车在轨道或马路上行驶；如果是一个小动物/小玩偶，可以带着小玩偶去娃娃家/小餐厅/理发店等各种区角游戏，假装带小玩偶吃好吃的/剪头发/坐公交车等。这样的游戏方式，是为了将孩子熟悉的玩具和幼儿园环境相结合，影子老师可以同时说些旁白："小汽车开在幼儿园的积木上，真开心！"以正向支持孩子继续尝试在幼儿园环境下游戏，帮助孩子逐步接受幼儿园。

2. 视觉提示材料《每日快乐贴士》①

将孩子熟悉的玩具和教室里的教具结合在同一个视觉提示卡上，有助于孩子加深理解。

此外，还可以将幼儿园照片和有趣的事情进行整合。

---

① 插图来自网络：https://image.baidu.com/，教师们在具体实际中可以根据幼儿的情况进行替换。

3. 绘本故事

通过"上幼儿园"为主题的绘本，老师可以在课堂上和孩子展开绘本教学。以《我不要去幼儿园》绘本为例，其中讲述了小兔子第一天入园的情绪变化，从担心到开心，从拒绝上学到不想回家的转变。基于绘本，老师可以采用如下策略：

在绘本中粘贴不同的表情图片，以鲜明的视觉提示表示幼儿园能给孩子带来情绪转变：从不开心到开心。

此外，还可以参考绘本故事《我是一个勇敢的小男孩》来帮助孩子度过入园适应期。

《我是一个勇敢的小男孩》①

图片	文字
	勇敢的小朋友都要去幼儿园上学。
	每个勇敢的小朋友早上进教室以后会和爸爸妈妈说再见，和大家一起上课一起玩。

① 本材料采用了未来出版社 2018 年出版的《幼儿园》一书。

融合教育实践指南——写给班级教师的融合策略（幼儿园版）

（续表）

图片	文字
	去学校不仅能学习新知识，还能交上很多好朋友。
	我有点害怕上幼儿园，有时想留在家里，我可以尝试去学校跟着看起来很友好的老师或者小朋友一起上课，一起玩。
	在别的小朋友玩游戏的时候，我主动加入他们说："我可以和你一起玩吗？"

（续表）

图片	文字
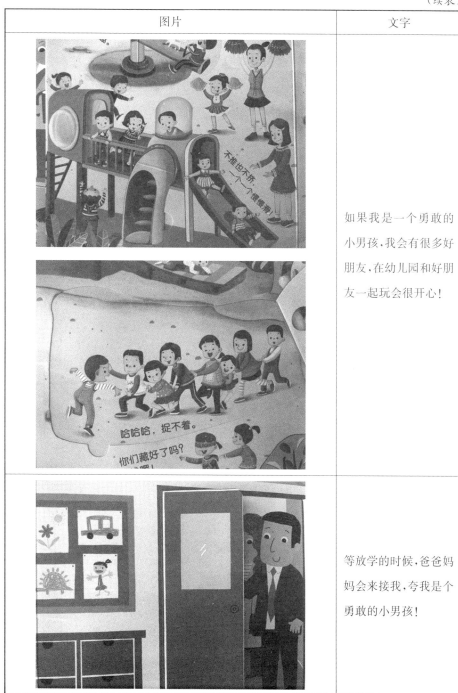	如果我是一个勇敢的小男孩，我会有很多好朋友，在幼儿园和好朋友一起玩会很开心！
	等放学的时候，爸爸妈妈会来接我，夸我是个勇敢的小男孩！

4. 幼儿园防霸凌

当孩子在融合环境里被排挤、被破坏私人物品却不会为自己争取时,会对孩子的内心造成或多或少的伤害,从而会导致孩子对幼儿园产生心理阴影,进而不愿意接受幼儿园。因此,影子老师需要及时帮助孩子防止自己被霸凌。这方面的课程,在幼儿园防霸凌一章中,有详细的幼儿园防霸凌策略。

5. 用代币立规则

以孩子喜欢的沙子(贴纸)为例,如果孩子做到了安静、手脚放好,可以获得粘贴沙筒、涂色等奖励。

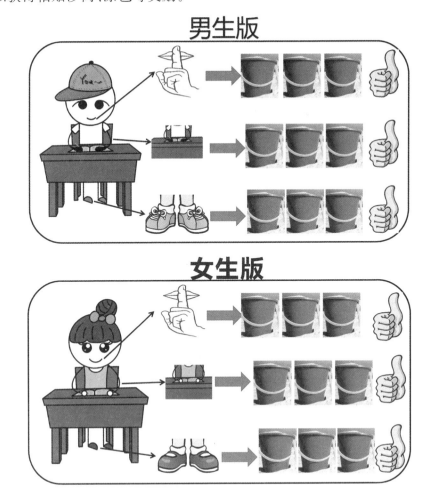

6. 泛化兴趣

在学前融合的实践中,我们曾遇到一位杭州的妈妈,她的孩子乐乐刚刚上小班,由于过去的一些不好的经历,乐乐对幼儿园有一定的心理阴影。乐乐不愿意接受融合环境,说到要上幼儿园,他就会情绪低落。不过乐乐并不是对幼儿园里的活动完全拒绝,他喜欢玩沙子,老师就以沙子为主题,将他带入其他活动环节:比如:画沙子、把小积木假想成沙子、乘"公交车"去沙滩、带娃娃家的小宝宝去假装"玩沙"。如果孩子理解代币,在使用代币制时也可以用积累"小沙子"的方式,加强孩子的接受程度。这些活动,都是尽可能将孩子的兴趣点在可行的范围内泛化,结合幼儿园的其他活动,提升孩子对幼儿园其他活动的兴趣。经过了半个月左右的时间,乐乐小朋友对幼儿园的排斥程度逐渐降低,即使没有玩沙这一活动,也能在影子老师的陪伴下,开始接触其他游戏。乐乐脸上的笑脸越来越多。

7. 拓宽孩子玩游戏的方式

当孩子有意识地、主动地玩玩具时,老师可以多多鼓励孩子尝试,减少限制。比如:玩偶原先是在娃娃家里的玩具,但也可以带去图书角,表示孩子带着娃娃去看书;食物原先只是出现在小餐厅和娃娃家,但孩子也可以带着食物坐公交车、去理发店,表示坐车去买东西、在理发店理发的时候吃小食。这些都是孩子在实际生活中会碰到的事。灵活的游戏玩法,能够辅助孩子更愿意参与游戏,得以自由发挥主动性。

【家校合作加油站】家长如何帮助孩子逐步接纳幼儿园环境?

原则一:堵不如疏

当孩子在去上幼儿园的路上、或者清晨在家中,表现得情绪激动,有哭闹、抗拒的行为,那么这时"堵"住孩子的情绪是不可行的,通常情况下,孩子不会听家长的"不要哭了""幼儿园很好玩呀!为什么要哭呢"之类的话,我们应当疏导孩子的情绪,从正向、积极的方向支持孩子顺利入园。

原则二：忌哄骗

这样的方法经常会被家中的老人所使用，他们会对孩子说"宝宝先进去，奶奶等你""宝宝乖哦，爷爷不走不走"。而这样的"哄骗"，对孩子来说是一种不真实、不诚信的行为。当孩子进入学校，发现爷爷奶奶已经走开，可能情绪会更加波动。因此，家庭内部要先统一态度，孩子的爸爸妈妈应当和隔代亲人协商出基本相同的教育态度。统一的家庭战线，有利于孩子理解入园的基本规则。

原则三：不把焦虑传给孩子

当家长面对孩子时，处于焦躁、不安的心态，并且同时表现在语气、语调、动作上：音量提高、语速加快、逐渐不耐烦，孩子其实也会被这样的心态感染，很有可能会引发更多的情绪行为问题。家长心态稳定，是帮助孩子以平稳情绪面对幼儿园的重要前提条件。

原则四：忌"假共情"

相信有很多家长知道需要和孩子"共情"，需要理解孩子此刻不想上学的心情。有些爸爸妈妈会说"我知道宝宝现在要上幼儿园了，有点不开心，但是没关系，幼儿园有好玩的玩具，也很开心哦"，此时，我们通常会发现孩子似乎情绪更糟了，会哭闹得愈发不可收拾。家长"安慰"的语句中，包括了"但是"，这就是对孩子的要求，不是真的与孩子共情。孩子大概率还是会感觉爸爸妈妈还是要自己去上幼儿园，希望自己停止哭闹，因而还是无法控制情绪。所以，我们需要做的是真切地理解孩子。比如，爸爸妈妈可以对孩子说：我知道宝宝现在有点难过，妈妈和你一起捏捏手（手臂、腿），慢慢地就不难过啦。这里使用的是替代行为，用触觉刺激缓解情绪波动。有研究表明，正向触觉刺激可以促进认知发育、舒缓压抑情绪。在给予适当的触觉刺激之后，家长观察到孩子情绪逐渐平复，应当马上离开孩子，让学校老师带孩子进校。此时切不可停留！过多的安抚、挥手再见只会让孩子的留恋心理越积越多。

二、孩子经常入园迟到，怎么办

如果孩子经常入园迟到，可能会有以下原因：

第一，早晨节奏匆忙、安排混乱引发孩子焦虑。早晨，家长在处理自己工作的事情的同时，还要兼顾自己和孩子的出门准备工作、早餐等家务问题，因此有可能出现安排混乱的情况，导致家长感觉很急躁，这也会间接影响到孩子的状态，孩子在这种"兵荒马乱"中也变得焦虑，而拖慢了出门上学的进度。

第二，孩子焦虑导致情绪崩溃。孩子在早晨被批评、想做的事情没有被允许或者受到家长焦虑的情绪影响，都会变得焦虑，进而有可能导致情绪崩溃而耽误出门时间。

第三，孩子过于依赖父母帮忙。长期的安排混乱导致家长为节省时间帮助孩子做很多事情，这在一开始似乎提高了孩子出门的效率，但久而久之，孩子的自理能力逐渐削弱，从而间接耗费了更多时间。

由上可知，孩子入园迟到的原因很大程度上与家中常规或家庭成员习惯有关，班级老师若想更好地应对这一状况，需要做好家校沟通工作，具体的沟通内容可以参考以下几点：

第一，建议家长提前计划第二天早晨自己和孩子必须要做的事情，以视觉化的方式制定事项清单及时间规划，同时预留一定的时间以防止意外发生。

第二，建议家长在周末等时间充裕的时候以视觉化的方式教孩子掌握必需的自理技能，以提高平时的出门效率。

第三，建议家长在早晨尽量让孩子处于平静中略有些兴奋的状态，以愉快的心情为入园适应作准备。

第四，视觉化是各类策略中最易被儿童接受的。父母越早掌握这类引导方式，孩子越早受益、后续的困难也会越少。个性化设计与实施视觉化策略是这一引导方式的重点。

第三部分

学习篇——上学的本质是学会学习

一、如何提升孩子的注意力

在融合教育实践中，我们经常会听到幼儿园老师提出这样的问题："怎么判断孩子不听指令是因为听不懂？""孩子上课老是分心、开小差怎么办？""孩子为什么总不听我的指令？"

（一）注意的概念

注意（attention）是心理活动对一定对象的指向和集中，是伴随着感知觉、记忆、思维、想象等心理过程的一种共同的心理特征。注意有两个基本特征，一个是指向性，是指心理活动有选择地反映一些现象而离开其余对象。[①] 比如说在课堂上，既有老师讲话的声音，也有窗外鸟叫的声音，而孩子在课堂中能将注意力放在老师的授课内容上而不是窗外的树木花草、小鸟等事物上，这是注意的指向性。二是集中性，是指心理活动停留在被选择对象上的强度或紧张度。比如说，孩子上绘本课，在完成讲故事任务的时候，教室外有别的班级在上户外课，孩子能抵抗住外部吵闹声，持续保持注意力去完成任务，这是注意的集中性。指向性表现为对出现在同一时间的许多刺激的选择，集中性表现为对干扰刺激的抑制，它的产生及其范围和持续时间取决于外部刺激的特点和人的主观因素。而注意力就是衡量注意指向性和集中性的能力水平。

（二）注意的品质

注意的品质包括注意的稳定性、注意的广度、注意的分配和注意的转移，这也是衡量注意力水平的四种标准。

---

① 黎文珍.心理健康教育［M］.上海：上海交通大学出版社，2016：80－81.

1. 注意的稳定性

注意的稳定性指一个人在一定时间内，比较稳定地把注意集中于某一特定的对象与活动的能力。比如我们经常提到的听课质量，孩子在一节课上是否能将注意力放在老师的讲课上，并且是否能长时间地把注意力放在老师的讲课上。假如孩子在听课时大部分时间处在"开小差""分心""走神""溜号儿"，就会导致孩子知识断点比较多，直接影响听课质量。以上这些情况反映的是注意力的稳定性。

2. 注意的广度

注意的广度指的是注意的范围有多大，它是指人们对于所注意的事物在一瞬间内清楚地觉察或认识的对象的数量。研究表明，在一秒钟内，一般人可以注意到4—6相互间联系的字母，5—7个相互间没有联系的数字，3—4个相互间没有联系的几何图形。[①] 举个例子，老师在白板上同时展示很多的动物图片，孩子能注意到几个，这衡量的就是孩子注意的广度。当然，不同的人具有不同的注意广度。注意广度会直接影响孩子听课质量，也会间接影响孩子社交与游戏参与，随着孩子的成长及不断地有意识训练，注意广度会不断得到拓展。

3. 注意的分配

注意的分配是指一个人在同时间内进行多种活动时，能够把注意力分配于不同活动当中。比如，孩子能够根据音乐旋律进行舞动；在课堂上，孩子能注意到老师的讲课内容并保持坐姿端正等。注意力总是有限的，不可能什么事物都关注。如果要求孩子什么都注意，那最终可能什么都注意不到。但是，在熟悉注意的目标或注意目标不是很复杂时，可以同时注意一个或几个目标，并且不忽略任何一个目标。所以老师要根据孩子的实际能力，培养其注意的分配能力。

①　夏青. 情绪管理学［M］. 北京：光明日报出版社，2018：76.

4. 注意的转移性

注意的转移是指一个人能够主动地、有目的地及时将注意从一个对象或者活动调整到另一个对象或者活动。注意力转移的速度是思维灵活性的体现，也是快速加工信息形成判断的基本保证。[①] 例如，在上课时，老师利用多媒体教学的方式，先给孩子们播放一则动画，然后根据动画来提出一些相关的问题，孩子在看完有趣的动画，能把注意力从动画转到回答问题当中，那就表明孩子的注意转移能力是不错的。

此外，注意的分心与注意的转移是有区别的。注意的分心是被动地、受无关刺激的干扰，使注意离开原本应该注意的对象或者活动。

（三）提升注意力水平的策略

1. 提升注意力稳定性的策略

1）视觉提示

通过沙漏、计时器、进度条等工具去帮助孩子把注意力放在当下做的事情上，专注于现在做的事情。这样的方式是通过给予孩子一定的视觉提示，让孩子感受到时间的流逝，感受到一定的紧迫性，驱动自己专心于当下做的事情。

【融合案例分享】

李老师是某所幼儿园的生活老师，她反馈："孩子们吃午饭时经常磨磨蹭蹭，吃一会就去玩玩具、跟其他小朋友聊天，班上只有一个生活老师，有时根本顾不过来。"于是，我们建议，在孩子们就餐时，老师可以给孩子准备一个沙漏，和孩子一起设置一个挑战活动，挑战在沙漏漏完前完成就餐。通过设置挑战活动，可以激发孩子的主动性和挑战精神；通过沙漏的视觉提示，可以给孩子制造一定的紧迫感，于是在就餐时就能提高孩子自身的注意力，久而久之，有助于孩子养成在就餐时保持注意力、保持专注的好习惯。

2）游戏：颜色干扰大挑战

道具：彩色文字卡片（卡片呈现关于颜色的字，如"红""blue"，但卡片的背景和字是不一样的颜色）。

游戏说明：需要孩子保持高强度的专注才能按照要求（根据字或者根据卡片背景颜色）说出正确的颜色。

3）运动练习：儿童瑜伽

儿童瑜伽不仅有利于孩子的身体发育，锻炼身体的柔韧性、平衡力和灵活性，使肌肉发育完善，促进身体的骨骼生长，还可以促进脑细胞的发育，同时提高孩子的注意力，开发自身潜能。

我们建议老师在上课时通过绘本（比如《和动物一起做瑜伽》）及游戏的方式去进行相关的瑜伽活动。比如：用讲故事或模仿的方法来引导孩子做动作；还可以开展"拉个圈圈走走"的游戏（游戏的玩法：一开始小朋友们拉着手一起转圈圈，然后发出指令"看谁先变成大象/老虎"等，让孩子去完成相应的瑜伽动作）。

儿童瑜伽不要求刻意规范孩子的动作，也不要求孩子像成人一样去强调呼吸，而是让孩子在自然的环境下进行动作模仿。不要把儿童瑜伽当作和学钢琴、学画画一样的学习负担，练习儿童瑜伽的目的是让孩子在玩的同时提高心理和身体素质，而不是在做一项困难的体育训练。所以，不要给孩子"做标准动作"的压力，而是通过调整警醒度达到提升注意力稳定性。

2. 拓展注意力广度的策略

1）舒尔特方格

在一张方形卡片上画上 1cm×1cm 的 25 个方格，格子内任意填写阿拉伯数字 1—25 共 25 个数字。可以让孩子用手指按 1—25 的顺序依次指出其位置，同时诵读出声，老师记录其所用时间。数完 25 个数字所用时间越短，注意力水平越高。舒尔特方格可以拓展孩子的注意的广度,提高辨别力、定向搜索能力。

2）游戏:找不同

游戏的规则是找出两幅图片不一样的地方。在游戏过程中,老师们可以根据孩子的能力选择不同难度的图片来进行游戏,同时,也可以加入计时器,需要孩子在规定时间内找出图片的不同之处,以此来提高孩子的注意力水平。在孩子搜寻图片的过程中,也进一步拓展了注意的广度。

3）游戏:谁不见了

游戏规则:先让孩子在规定时间内记住小动物的名称和它们所在的位置、顺序,然后把其中一个小动物挡住,要求孩子去说出被挡住的是哪个动物。呈现的动物数量由孩子的能力决定,能力好的孩子可以增加多一点动物,孩子能力弱的可以先呈现少量动物,然后再慢慢提升难度;而允许孩子看图片的时间也可以慢慢缩短,以此来提高游戏的难度。该游戏也能很好地拓展孩子注意的广度。

3. 提升有效分配注意力的策略

1）律动操

律动操是一个提升孩子注意分配能力的比较好的方式,不管是幼儿园还是小学,我们都会建议老师在课前或者活动过渡环节教孩子做律动操。做律动操的过程中,需要孩子一边认真看老师做动作,一边进行跟随和模仿。孩子在注意老师口令、动作的同时,也要注意自己的动作是否跟得上、是否标准、是否和老师做的一样,这个过程中,很好地锻炼了孩子注意的分配能力。

2）游戏:举小旗

游戏规则:老师给孩子一面白旗,一面黑旗,让孩子根据口令去举起或者放下相应的旗子。该游戏很考验孩子的持续注意力和注意力分配。口令如下:白旗举起来,白旗放下去,黑旗举起来,黑旗放下去;白旗举起来,黑旗举起来,白旗放下去,黑棋放下去,白旗黑旗一起举,黑旗放下去。游戏的过程中,孩子既需要注意老师的口令,又需要注意到自己的动作,能够很好地提升孩子注意的分配能力。

4. 促进有效转移注意力的策略

1)游戏:眼睛鼻子在哪里

游戏规则:准备一张桌子和两把椅子,老师和孩子面对面坐着,桌子放中间,桌子上放有一个玩具,比如洋娃娃、玩具车等。老师发出"眼睛"的口令,老师和孩子就要用手指指出自己眼睛的位置,发出"鼻子"的口令,老师和孩子就要用手指指出自己鼻子的位置,其他身体部分以此类推,而当老师发出"洋娃娃"的指令,老师和孩子就要一起去抢桌子上的洋娃娃,谁先抢到即为最后的赢家。该游戏需要孩子从注意自己的身体器官转移到注意桌子上的玩具,十分考验孩子注意力的稳定性和转移性。

2)游戏:眼色游戏

游戏规则:孩子们都坐下来,然后一边喊数(从1开始)一边站起来(注:在喊数的同时站起来)。如果两个人同时喊了一个数就被淘汰,最终没有喊数的也被淘汰(如:有5个人,只喊到4,最后一个没有喊的人被淘汰)。在该游戏的中,孩子的注意力从一个个站起来的同伴之间进行转移,这也很考验孩子注意力的稳定性和转移性。

【家校合作加油站】

在家校沟通特需幼儿的注意力问题时,可能会存在一些分歧或矛盾。比如,为什么孩子在家注意力很集中,去幼儿园却会离座、不认真听课?孩子平常和妈妈有很多眼神对视,为什么到了幼儿园课堂却不看老师?孩子对家人常常有积极的回应,为什么到了幼儿园课堂却不听老师的话了……这是因为家长和老师对特需幼儿的注意力缺乏全面、整体的认识,也缺乏对环境变化与孩子适应能力的认知。为此,我们在附录5提供了《视听动能力检核表》,帮助家长和班级老师检核特需幼儿的学习注意力,从而进一步分析幼儿的学习能力。

二、如何提升参照、模仿能力

（一）参照、模仿能力在幼儿园中的体现

在幼儿园中，律动操的学习、穿衣、洗漱、如厕等都需要孩子自己去完成，但是很多孩子在上幼儿园前，在家里的吃喝拉撒睡基本上有家长解决，而进了幼儿园，孩子就要懂得照顾自己，掌握独立生活能力、安全常识以及各种动作要领。特需幼儿如果想要适应幼儿园的环境，也得和普通孩子一样具备同等能力，此时就需要孩子通过参照、模仿同伴/老师巩固或学习新的技能。以上是参照模仿能力在幼儿园中的体现。

（二）提升参照、模仿能力的游戏

为了提高孩子的参照、模仿能力，更好地适应幼儿园生活，我们介绍两个游戏供大家参考学习。那么就让我们一起来玩游戏吧！

1. 游戏一：一起做瑜伽

游戏目标：提高孩子的参照、模仿能力。

游戏重点：注意力、模仿能力、身体控制能力。

游戏准备：两个瑜伽垫，绘本《动物瑜伽》。

游戏流程:

(1)看图说话:看绘本引导孩子说出看到的绘本内容——哪个小动物,小动物的动作是怎么样的。

(2)看图做动作:孩子参照绘本上的图片模仿做动作(游戏的目标是通过观看图片提高孩子的参照模仿能力,比如:在幼儿园中班级老师播放视频或图片时,孩子可主动观看并进行模仿,这样就提高了小白的集体参与度)。

(3)角色扮演:孩子做"小老师",教老师或同伴做动物瑜伽,可从模仿图片动作过渡到检查动作,加深对模仿动作的理解。

注意事项:

(1)根据孩子的身体发展情况选择适合小白的动作。

(2)根据孩子的能力以及表现情况调整辅助层级。

2. 游戏二:抓老鼠

游戏目标:提高孩子的追视能力及模仿能力。

游戏重点:追视、安坐、假想。

游戏准备:若干个弹弹球,杯子。

游戏流程：

（1）引导孩子说出自己看到的物品名称。

（2）引导孩子把球假想成老鼠。

（3）示范游戏玩法：两位老师面对面坐且保持一段距离，一位老师负责将球从一边滚到另一边并说："老鼠来了！"此时另一位老师负责用自己手里的杯子扣住跑过来的"老鼠"。

（4）老师邀请孩子一起玩。

注意事项：

（1）游戏开始前，老师可以生动地介绍游戏的有趣性吸引孩子的兴趣，以便孩子更快地进入游戏状态。

（2）游戏过程中，老师可以及时调整任务难度和辅助层级。

（3）游戏过程中或结束后，老师可以根据孩子的表现给予表扬。

三、如何通过参照、模仿提升生活自理能力

（一）自理能力对幼儿的重要性

自理能力是人应该具备的基本技能之一。自理能力对于孩子十分重要，其重要性可分为四点：

第一，孩子生活自理能力的形成，有助于培养孩子的独立意识和独立性格。孩子自理能力的形成，决定了他能一个人去独立完成某项任务，久而久之，就培养了他单独完成一件事的能力，那么，独立意识就慢慢形成了。同时，遇到问题或困难时，他就不会第一时间想着要依赖别人，而是自己想着去解决，养成独立的性格。

第二，有助于提高孩子的自信心。当孩子知道自己的事情要自己做的时候，他在提高能力的同时，也培养了勇于面对困难、敢于克服困难、

去争取成功的抗挫折能力,在体会成功的同时也提升了自信。

第三,有助于培养孩子的责任感。做好自己的事情,本身也是对自己负责任,先产生对自己的责任感,再逐渐延伸到他人。如果对自己都没有责任感的话,长大以后又怎么担起家庭和社会的责任呢? 我们常常谈到的"啃老族"就是一个典型的例子。

第四,有助于促进孩子身体各方面的发展。孩子每学一项动作、能力,他的大小肌肉群、动作协调性、灵活性等其他能力也将得到相应的发展。

由此可见,自理能力对于孩子来说十分重要,不仅影响孩子的性格,也促进了孩子的身心健康发展。为了提高孩子在园期间的生活自理能力,更好地融入幼儿园集体生活,本章我们将基于案例来了解如何帮助孩子通过参照自然提示、模仿身边同伴来提升生活自理能力。

(二)通过参照、模仿提升生活自理能力的策略

1. 社交故事

表 3-1　案例的行为分析表

背景事件(SE)+前因(A)			行为(B)	后果(C)	
个体因素	环境背景	立即前事①		后果	最终结果
1. 气质的影响 2. 生理的问题 3. 能力 4. 思考的扭曲 5. 高度动机的需求 6. 情绪状态不佳或不稳定	1. 物理因素 2. 社会因素	在课间时,老师说:"女生去小便。"	小白坐在座位上	老师直接叫小白去小便	小白完成"小便"的指令
			小白与同伴一起去厕所,但没有上厕所	同学告诉老师,小白没有上厕所	小白没有完成上厕所的指令
			小白离开座位去游戏角拿玩具	同学向老师告状	老师批评小白

---

① 立即前事在行为分析理论中指的是直接引起行为的导火索。

通过以上案例情况，可以发现小白无法很好地参照同伴、模仿同伴去如厕。对此，可以通过社交故事的策略做出应对：

社交故事：《我能跟着小朋友一起去上厕所》

类型	文字	配图
描述句	课间休息的时候，老师让"男生去上厕所"	
透视句	如果我想上厕所，我会跟着同学一起去	
指示句	当我想要上厕所，我会试着这样做：和小朋友一起排队去厕所；眼睛看着小朋友上好厕所排队去洗手，我也排队去洗手；看着小朋友们上完厕所回到座位，我也回到座位	
肯定句	我能跟着小朋友一起去上厕所，<u>老师奖励我贴纸</u>①，我很开心	

---

① 注意实际使用中，要根据情况，调整下划线的内容。

通过社交故事我们可以运用自然情景去帮助小白提升眼神参照、模仿身边同伴的能力,提升小白在生活自理方面的能力,提高小白在园的生存质量。

2. 桌面游戏

游戏名称:我能跟着老师一起晾衣服。

材料:支架、线、夹子、卡纸衣物、卡纸衣架。

做法:把线固定在支架上,夹子夹在线上。

玩法:让小朋友把卡纸衣物晾起来。

游戏过程:

(1)老师发指令:我晾黄色衣服,你晾黄色衣服;我晾红色衣服,你晾红色衣服;我晾绿色衣服,你晾绿色衣服。

(2)小白发指令:我晾黑色衣服。老师听到小白的指令需找到对应颜色的衣物且模仿小白说的话。

(3)小白发指令:我晾黑色衣服。老师听到小白的指令故意找错颜色,但会模仿小白说的话,让小白纠正老师的错误。

（4）还可以增加难度：老师发指令"把相同颜色的裤子和衣服夹在一起"，要求小白按要求找出对应颜色的衣服和裤子。

【绘本推荐】《娜娜快乐成长系列（自理能力培养立体手工书）》

《娜娜快乐成长系列（自理能力培养立体手工书）》是一套侧重孩子自理能力培养的手工绘本，全书共有 4 册，分别是《娜娜穿衣服》《娜娜打扫房间》《娜娜的早晨》《娜娜拉便便》，本套书以孩子们的同龄人娜娜为主角，模拟真实的生活场景，唤起孩子的熟悉感和安全感，让孩子在阅读故事的过程中，自己学会拉便便、学会穿衣服、学会打扫卫生、学会在早晨合理安排时间等重要的生活技能。它不仅仅是一本触摸书，更是一本锻炼幼儿的自理能力，增强幼儿生活自理意识的书。

四、孩子对老师的指令没反应或不配合，怎么办

本节我们将从行为记录、原因分析、应对策略和注意事项这四部分进行详细阐述。在进行案例分析和提出策略之前，我们需要补充一个非常重要的知识点——行为分析理论中的 SE—A—B—C。

SE—A—B—C 是在 ABC 观察记录的基础上进行的优化，ABC 是一种描述性行为分析方法，强调要直接、持续且重复观察孩子在自然情景中的行为，同时记录行为发生前和发生后环境中的改变。

在 SE—A—B—C 中，SE 是背景事件；A 是立即前事，是直接引起行为的导火索，与行为的发生在时间上是紧密相连的；B 是孩子的行为；C

是结果,是孩子行为之后立即发生的事件,是行为发生后形成的后果。具体见表3-2。

表3-2 SE—A—B—C的要素及说明

要素	说明
SE	背景事件(属于"远因"),包括个体因素、环境背景等。在当下的情境中不一定能及时观察发现,可通过进一步访谈、观察、调研而得。
A	立即前事(属于"近因"),直接引起行为(B)的导火索,与行为(B)的发生在时间上是紧密相连的。
B	在A发生之后老师所观察到的孩子的行为(或语言)。
C	行为(B)发生后形成的后果,包括即时后果和最终结果。

那么,作为幼儿园老师,您班上的孩子是否出现对老师的指令没有反应的情况?没有反应的原因是什么?老师又可以采取什么样的应对策略呢?让我们一起通过案例来进行了解吧!

【案例导读】

小白是一名中班的孩子,陈老师是他的主班老师。陈老师反映小白在小班时就有点慢吞吞,到了中班后慢慢能跟上班里的进度了,但还是经常对陈老师的指令没反应、不听,需要陈老师跟他重复强调他才有点反应,不过说多了小白也会急躁起来,陈老师也不敢多说。这让陈老师有点茫然:"可能是小白不喜欢我吧,所以有时故意忽视我或者故意跟我对着干。"

背后的原因果真跟陈老师所认为的一样吗?接下来我们通过不同情景下的观察记录来做小白的行为分析。

(一)行为记录

情景一:早上在教室门口,陈老师与小白打招呼,教室里其他小朋友在区角玩游戏非常吵闹,小白没有给到老师任何回应,直接走进教室,然后去拿小朋友手中的玩具。

表 3 - 3　行为记录①

背景事件（SE）+前因（A）			行为（B）	后果（C）	
个体因素	环境背景	立即前事		即时后果	最终结果
注意力不集中	进班时,小白看到老师	老师和小白打招呼说:"早上好。"小白没有回应老师	小白直接走进教室	没和老师打招呼	同学说小白没礼貌
注意力被同学吸引	进班时,小白看到老师	老师和小白打招呼说:"早上好。"小白直接走向同学	直接去拿同学手里的玩具	同学没有给小白玩具	小白和同学发生争抢

情景二:在课间休息时,陈老师让小白把玩具收起来,有时候小白坐在椅子上不为所动,有时候小白只完成部分收拾玩具的工作。

表 3 - 4　行为记录②

背景事件（SE）+前因（A）			行为（B）	后果（C）	
个体因素	环境背景	立即前事		即时后果	最终结果
认知能力较弱	课间休息	老师说:"小白把游戏角的玩具收起来。"	小白不看老师	小白在座位上	收拾玩具指令没有完成
不擅长理解复杂指令	课间休息	老师让小白先把玩具放回玩具框,再把玩具框放到桌子上面	小白把玩具放回玩具框后回到座位上	老师重复指令:把玩具框放在桌子上面,小白起身继续完成	收拾玩具指令完成

情景三：下课后，陈老师让班上小朋友把画纸交上来时，小白发脾气，不配合完成该项任务。

表3-5 行为记录③

背景事件(SE)+前因(A)			行为(B)	后果(C)	
个体因素	环境背景	立即前事		即时后果	最终结果
情绪控制较弱	课间时，其他小朋友把画纸交给老师	小白还未画完，有小朋友催促小白快点交	小白大喊大叫	大家都看向小白	老师批评小白
手部精细动作弱	课间时，其他小朋友把画纸交给老师	小白没有画完，老师提醒小白交画纸	小白撕掉画纸	老师批评小白	小白大哭大闹

注：SE—A—B—C表格的内容，需要班级老师在日常观察中提供具体、客观的记录，有助于分析行为背后的原因，从而有助于制订科学、有效的方案。

（二）原因分析

基于表3-3、表3-4和表3-5，我们分析小白对老师的指令没反应或不配合的可能原因如下：

原因一：听不清。为什么听不清？可能是环境因素（如周围环境嘈杂、同伴干扰、指令语速过快），也可能是自身因素（如注意力涣散或注意力已被其他事物吸引）。

原因二：听不懂。小白可能是自身认知能力较弱、心智发育落后，也可能是老师指令内容过于复杂等其他原因。

原因三：不想做。可能是因为生理上（如身体不舒服）、心理上（如情绪问题）的原因，也可能是老师布置的任务不在小白的能力范围内而让小白出现了逃避行为。

（三）应对策略

对于不同可能原因，老师应该采取不同的、合适的应对策略。

原因	应对策略
原因一：听不清	（1）在相对安静的环境下发指令，减少其他干扰因素。 （2）教师语速放慢，确保小白能听清或者把小白叫到身边拉近距离。 （3）当小白注意力涣散时，可以适当增加提问次数进行互动，或者选择重复提问，下达指令前确保小白视觉注意力在下达者身上（面对面对话）。
原因二：听不懂	（1）示范（注：在使用示范策略前，确保孩子能看着示范者）。 • 可让能力稍好的同伴示范一次。 • 老师站在儿童面前示范一次。 • 老师简化目标指令（指令分步骤），放慢速度再示范。 • 小组示范。 （2）简化指令内容，如：将两步或者三步复杂指令简化成一步指令。例子：小白，请帮老师拿抽屉里的红色毛巾擦桌子（简化前）/小白，请帮老师擦桌子（简化后）；小白，请先穿短袖再穿裤子，最后穿外套（简化前）/小白，请你穿好衣服（简化后）。 （3）老师给予不同层级的辅助，如：当小白不配合时用"语言＋肢体"辅助；当小白做得不标准时用语言辅助或者老师示范；当小白自己尝试但试的效果不好时用语言辅助。
原因三：不想做	（1）生理原因：先暂停指令，了解并询问小白的身体状况。 （2）心理原因：关心、同理小白，对其进行情绪疏导。 （3）对于其逃避行为，可以降低任务难度，或者采取"I message①"（"我信息"策略）（如："我相信小白可以勇敢迈出第一步"）来鼓励小白再次尝试。

---

① "我信息"策略是班级老师必备技能，具体内容见《融合教育实践指南：家校合作实务》。

（四）注意事项

第一，对于老师的指令，如果孩子没有及时做出反应或不配合时，请老师不要急于去批评他/她。行为背后皆有原因。对于有特殊教育需要的孩子，行为背后的原因很大可能是生理原因或者是因为老师没有理解孩子真正的需求，而不一定因为"孩子要跟老师对着干""孩子很讨厌老师""孩子故意为难老师""孩子太难搞了"。所以当老师们遇到类似情况时，请先冷静，然后试着去分析这个行为产生的原因。

第二，行为分析要根据 SE—A—B—C 来收集数据，班级老师分析时如有难度可将行为记录表交给融合教育督导分析，然后共同制订策略。

第三，积极的、权威的师生关系是所有策略起效果的核心。班级老师掌握并应用 I message（"我信息"策略）是支持特需幼儿的当务之急。

第四，学会学习，对于特需幼儿来说远不止于本处所写的。班级老师当尽可能从学习品质和学习能力角度出发，对幼儿的学习表现做更细致、用心的理解。

第四部分

常规篇——遵守规则是学生的本分

一、安坐

表 4-1 儿童安坐阶段检核表

阶段	描述	判断支持形式
阶段一:坐着	听到上课指示,能够坐到自己的座位	若不能达到,则需要□大融合□中融合□小融合;若能达到,但不够充分,可考虑给班级教师一些指导意见
阶段二:坐长	在自己的座位上,能够保持 10 分钟左右的安坐时间	若不能达到,则需要□大融合□中融合□小融合;若能达到,但不够充分,可考虑给班级教师一些指导意见
阶段三:坐稳	未经允许,不擅自离开自己的座位	若不能达到,则需要□大融合□中融合□小融合,若能达到,但不够充分,可考虑给班级教师一些指导意见
阶段四:坐好	能够保持"全身体聆听"的正确坐姿	若不能达到,则需要□大融合□中融合□小融合,若能达到,但不够充分,可考虑给班级教师一些指导意见
阶段五:坐着学	坐着参与课堂学习,如:注意力集中地聆听、恰当地举手、恰当地与同伴交流	若不能达到,则需要□大融合□中融合□小融合,若能达到,但不够充分,可考虑给与班级教师一些指导意见

儿童安坐能力现状评估结论:

专业督导,通过□入班观察 □教师访谈 □家长访谈

判断儿童目前安坐能力处于阶段_____的能力,整体上五大阶段尚未完全达到。具体表现在:

【案例1】小白在课堂上经常离座、坐不久、坐不好,但小白在沟通及社交活动中有语言交流,语句长度至少为5个字长,能够进行至少1个话轮;能够主动对视至少5秒;水平与竖直方向快速追视至少5秒;与班里老师比较熟悉,指令配合度较高。

原因分析及应对策略如下:

原因	应对策略
课堂规则意识模糊 自我意识较强,想做什么就做什么,对于课堂规则不理解或不愿意遵守。	1.运用视觉材料《安坐》  操作步骤: (1)老师和小白一起说一说"安坐"的图片(小手和膝盖做朋友,小脚和地面做朋友,小眼睛和老师的眼睛做朋友)。 (2)然后跟着图片来做一做。 (3)老师拍一张小白坐好的照片,再拍一张没有坐好的照片,让小白说一说。 注意事项: 《安坐》的视觉提示材料可以随着孩子安坐时长的增加来设置进度条。

（续表）

原因	应对策略
课堂规则意识模糊 自我意识较强，想做什么就做什么，对于课堂规则不理解或不愿意遵守。	2. 游戏《到汉字宝宝家来做客》 将汉字贴到椅背上，音乐停，坐到不同汉字家（注意做客情景的代入）。 注意事项： 游戏应当根据小白的具体爱好来设计，如小白喜欢动物，可以设计成到动物家来做客等。
核心肌群力量弱 很多容易离座的孩子有 W 坐姿，长期用 W 坐姿会影响到孩子核心肌群的力量发展。为什么孩子喜欢这样坐？这是因为这样底盘宽、重心低，可以坐得稳，最省力。但 W 坐姿的危害大，如：减缓其他大运动发展，体现在核心肌肉群没有锻炼，无法发展良好的平衡反应、无法锻炼手跨过身体中线，影响写字能力的建立。	（1）增强核心肌肉力量的锻炼；不同的坐姿锻炼肌肉群的侧重不一样，鼓励多种坐的姿势；鼓励盘腿坐、半盘腿坐、侧坐、V 坐、长坐。 （2）使用感统垫。  感统垫
满足感觉需要 课堂上要求孩子长时间安坐，这对有感觉需要的孩子来说很困难，他们需要通过不停地改变身体姿态或运动状态来获取感觉上的满足。	（1）在课间满足孩子跑跳的需求。 （2）课上可以使用感统垫。 （3）使用"30 秒"策略。 • 第 1 个 10 秒：告知孩子，坚持老师数到"10"会有奖励；回到位置上。对于案例中的小白，老师要在第 1 个 10 秒，多增加小白的感觉刺激，找能够满足小白感觉需要的东西，如：把感统垫放在小白屁股下面；把喜欢的道具放在小白手上；拿感统刷在小白手上刷一刷。

（续表）

原因	应对策略
满足感觉需要 课堂上要求孩子长时间安坐，这对有感觉需要的孩子来说很困难，他们需要通过不停地改变身体姿态或运动状态来获取感觉上的满足。	• 第 2 个 10 秒：可以带孩子出去走一走、跑一跑，释放一下，再回到位置上。 • 第 3 个 10 秒：配合孩子喜欢的肢体刺激（捏、揉、抱等）。 （4）进行家校沟通，家长可以在家庭中提供一些满足孩子感觉需求的活动，如：折返跑、蹦蹦跳、大龙球游戏等。
引起关注 由于个别融合班级中老师和同学对特殊孩子的忽视，这些孩子慢慢发现当自己有离座行为时会引起老师和同学的关注，因此形成错误的因果归因，经常出现离座行为以获得别人的不当关注。	（1）如果是为了引起老师关注而离座，老师可忽略，但孩子安坐时一定要及时予以肯定和鼓励（让孩子意识到安坐时比离座时得到的关注更多）。此外，老师还要和家长进行沟通：如果孩子是为了逃避任务而出现跑开的行为，大家要"统一战线"一起忽略。 （2）强调"班级规则"——上课时候屁股在自己的小凳子上的小朋友是老师喜欢的。 （3）表扬其他坐得住的小朋友。 （4）给予视觉提醒（如：上课坐端正的卡片）。 （5）刚开始可告诉孩子要安静地等待，等待时间可根据孩子无辅助状态下等待的时间为标准，以计时器为参考，孩子如果达到标准则给予表扬或少量的物质奖励，以增强孩子自信心。过段时间，等孩子安坐能力更加稳定，可逐步延长安坐时间，初期可以1—2分钟为一档，慢慢延长。最后直至孩子能稳定的安坐老师要求的时间长度。 （6）代币系统：上课坐在椅子上×分钟→可以涂一条奖励格→涂五个后兑换一张奖励贴纸。

（续表）

原因	应对策略
无聊 "无事生非"	（1）当孩子因为无聊想要离座时，可以给孩子安排一些他能做或喜欢做的任务。 （2）请孩子当老师的小助手，转移其注意力。

【**案例2**】英文课上课的前10分钟，小白基本能跟随老师完成翻书、关注多媒体的任务；10—15分钟期间，小白开始出现环顾四周、玩裤带的行为且愈发频繁；15分钟以后，小白开始出现晃动椅子发出噪音、突然自言自语/哈哈大笑以及突然站起来再坐下的行为，班级老师提醒后，小白能保持安静几十秒，老师多次提醒无效后，要求小白站到教室角落里，小白能暂时保持安静状态，1分钟后又逐渐出现了玩裤带、左摇右晃、环顾四周的行为，直至下课。

【**练习1**】请根据案例2，从个体与环境的互动进行整体评估：

实际表现：
〇

要求
〇

【**练习2**】请从生理、心理、社会规则的角度分析案例2行为背后的原因：

目标行为	产生原因
环顾四周	生理：
玩裤带	
晃动椅子发出噪音	心理：
突然自言自语/哈哈大笑	
突然站起来再坐下	社会规则：
玩裤带、粉笔	
左摇右晃	

可以参考的做法：

1. 内在生理需求的调节

"万能感统垫"＋按摩＋增加互动频率/调整上课模式。

2. 吸引他人关注

老师引导正向行为/同伴示范正向行为＋忽视问题行为。

3. 课程内容过难或无兴趣

目标/要求降低或转移＋增加难度适宜的互动频率＋替代行为＋家庭查漏补缺。

4. 规则意识

明确规则（你可以……）＋视觉提示/钓鱼执法……

总的应对思路：刚开始先树立规则，上课离开座位之前要先报告老师，并引导孩子通过言语表达需求——"老师，我想……"。同时，老师在课前或日常生活中要多多满足孩子的感觉刺激需要。过段时间，孩子慢慢建立这一规则后，可教授孩子无聊时或者想要起来走走的时候可以替代做的事情，如用手捏触觉球或者看看窗外或者在心里数数。最后，强化规则的同时提高孩子的自我控制能力。家长可根据幼儿安坐情况，提前实施安坐策略，可以通过感统垫、进度条、同伴示范、钓鱼执法、视觉化的材料以及其他游戏的方式。

二、排队

排队是幼儿园孩子的高频常规，在幼儿园中，无论是洗手、喝水还是小便、做操都要排队。经过幼儿园的集体生活的锻炼，孩子们已经有了排队意识，但多数孩子还只是停留在意识层面，言行不一。甚至有部分马上面临幼升小的特需幼儿，在排队时却仍需要他人高频提醒。而且老师观察发现孩子们在排队喝水、洗手、如厕、取放学具的过程中，也有抢排、随意插队、推搡同伴的现象。那么，孩子为什么不会排队呢？老师们可以展开什么样的应对策略来更好地帮助特需幼儿融入集体？

（一）不会排队的原因

1. 不熟悉排队的流程和规则

学校排队的流程和规则有：

- 听指令，听从老师的调度安排、集合指令。
- 按一定秩序离开教室（如：不要争先恐后，做到快、静）。
- 听从老师的整队指令（如：向前看）。
- 走路时队伍保持轻声细语、慢步脚轻，保持前后、左右间的距离。
- 上下楼梯要注意安全，保持安静，做到不出声、不拉扯，遇到台阶要逐级上下，不能跳跃。
- 到达集会地点后，做到不说话、不交头接耳、不左顾右盼、不勾肩搭背。
- 散会或下课后，要按照集会行进要求回教室。
- 回到教室要拿小椅子坐好。

2. 缺乏听指挥的能力

排队时会有老师发指令，这就需要我们的孩子具备听指令的能力：听到老师说排队后能去到队伍里面站好排队；听到老师说往右走和往左走时能听从老师的指令往正确的方向走；听到老师说保持安静时能听从指令把小嘴巴闭起来；听到老师说现在停下来等待时能停下来等待……因此孩子具备听指令的能力，能更好地遵守排队的纪律。

3. 缺乏同伴参照、跟随同伴的能力

排队时，需要孩子具备模仿和跟随的能力：看到同学清空桌面、放好椅子迅速去排队时能模仿和参照同学的做法迅速去排队；在走路队的过

程中能全程跟随队伍、跟随同伴，不离开队伍、跑出队伍。因此孩子具备模仿同伴、跟随同伴的能力，能更好地遵守排队的纪律。

4. 环境中视听觉刺激过于混杂

排队前会有很多不同的视听觉刺激，如嬉戏声、喊叫声，以及老师的指令声，因此孩子有可能不能很准确地从多种信息中获得自己所需要的指令。

（二）使用社交故事教排队

【案例1】小白，6岁，在幼儿园不能跟随其他小朋友排队，插队现象频繁。为此，我们给小白设计了排队的社交故事《排队是遵守规则的好行为》。

1. 排队是每个小朋友都要学会的一项本领。	排队喽
2. 当听到老师说"排队"，我可以站在同学身后。	
3. 我可以看着同学的后脑壳，排成一条直线。	

（续表）

4.看到队伍往前走时,我可以跟着大家一起走。	
5.我能跟着小朋友一起排队,老师奖励我贴纸,我很开心。	

【案例2】小白4岁,在幼儿园老师每次要求孩子们排队去操场玩滑滑梯的时候,他都不知道排队的时候可以做什么,经常离开队伍。为此,我们给小白设计了排队的社交故事《排队时我可以做什么》。

幼儿园里经常会有需要排队的时候,排队是每个小朋友都要学会的一项本领。	排队喽
有的时候,我想快点玩滑滑梯,如果前面排队的人多,我会有点着急。	怎么还轮不到我

（续表）

当我着急时,我可以: 1. 深呼吸。 2. 在心里从 1 数到 10。 3. 试着观察前面的小朋友是怎么玩的。 4. 试着礼貌地跟前面的小朋友商量:"能不能让我先玩"	
这样的话,我会发现排队的时间其实很快,而且玩滑滑梯很开心。	

【案例 3】 小白 5 岁,在幼儿园去洗手间的时候不知道要排队。为此,我们给小白设计了社交故事《排队去洗手间》。

描述句	下课铃声响了,老师说"去洗手间",同学们听到老师的话,都会去排队。	

（续表）

透视句	保持距离,排队去洗手间,小朋友和老师会觉得舒适和安全。	
指示句	其他小朋友排队,我也要排队,看着别人的后脑勺排队,踏步往前走。	
肯定句	我排好队,老师称赞我是守规则的好孩子。	

（三）使用视觉提示卡教排队

【案例 1】小白 6 岁,准备幼升小,但他还不能很好理解排队的规则,违反排队纪律(如:排队时推搡打闹)。为此,我们建议使用视觉材料《我能遵守排队的规则》。

该视觉材料解决的问题是:通过《我能遵守排队的规则》的视觉材料,帮助孩子区分排队时好的行为和不好的行为,理解排队的规则,改善在排队时不知道规则而出现违反纪律的行为,预防孩子在排队时出现安全问题,预防出现因不遵守排队纪律而被老师批评、影响同学排队时间的情况。

《我能遵守排队的规则》	
排队时的好行为有：	排队时不好的行为有：
听从指令　　保证安全　　前后对齐	发脾气　　大声喊叫　　推搡打闹

【案例2】小白，五岁，中班，大小、颜色等知识储备还可以，但排队常规不好，不能排队喝水、喝水喜欢乱走，不能排队上厕所、排队拿东西等。为此，我们给小白设计了排队的视觉提示卡。

视觉材料1：《喝水的视觉提示》

使用步骤：第一步：拿取水杯；第二步：排队接水；第三步：回座位喝水；第四步：放回水杯。

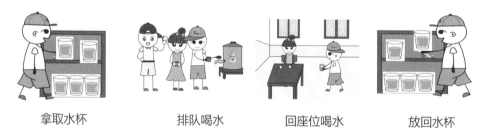

拿取水杯　　　　　　排队喝水　　　　　回座位喝水　　　　　放回水杯

注意事项：

孩子按规定做到，老师立即给予夸奖并奖励其贴纸，集齐3（根据孩子情况增加）个贴纸可以兑换奖品（如"担任植物角管理员"）。

视觉材料2：《遵守秩序最有礼》

在学校，小朋友很多时候要排队，要排队上厕所，排队拿东西⋯⋯

排队时,小朋友通常会一个接一个整齐地排成一行,这样做既有次序又很安全。

【案例3】小白的排队问题主要有:排队时不清楚自己的位置,容易被别人拉着走;当排队等待表演节目时,小白会站得东倒西歪或者直接蹲在凳子上。

视觉材料 1:《排队位置在哪里》

小米

排队

视觉材料 2:《我能遵守排队站好的规则》

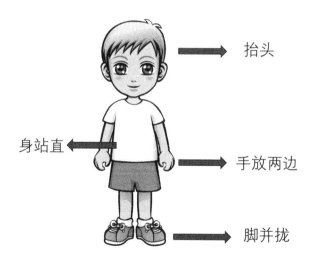

抬头

身站直

手放两边

脚并拢

（四）使用五点量表教排队

【**案例**】小白 6 岁,当听到可以去操场玩很开心,但是当老师要求他排队去操场的时候,他很崩溃不配合。对此,我们建议老师使用五点量表《排队等待时我的情绪变化》引导孩子清楚地认识自己的情绪,正确看待排队。

5	每天在学校排队上厕所,我都会因为经常掉队,而受到老师的批评,我会变得很紧张很烦躁,想立刻离开队伍。	我感到崩溃
4	假期里妈妈约好多的哥哥姐姐一起去动物园看小动物。在排队购票时,我就开始有点担心万一大老虎大狮子吓着我怎么办呀! 我有点焦虑了!	我感到有点焦虑
3	去儿童乐园时,在门口排队依次进入玩耍时,我有点等不及,想立马进去!	我开始有点着急了
2	周末爸爸带我去我最喜欢的绘画班,在公交车站排队打卡上车时,身边的叔叔阿姨爷爷奶奶都夸我很棒,我感到很自豪!	我感到很开心
1	和妈妈去超市排队买我最喜欢的巧克力,我简直太开心了。	我简直太开心啦

（五）使用绘本故事教排队

绘本教学引导特需幼儿展现正向行为,这是一种有效的教学。本处以《小熊买冰激凌》为例,作初步阐述。

1. 活动准备

玩具小熊;小动物图片:小熊、小猪、小狗、小猫、小羊;幻灯片"我会排队"。

2. 活动过程

(1)引入:(出示小熊玩偶)小朋友们,我是小熊,今天我给大家带来了一个故事,你们想听吗?

(2)老师讲述故事《小熊买冰激凌》。

(3)提问:

• 故事里有哪些小动物?

• 小熊去买冰激凌,它排队了吗? 它是怎么做的?

• 小熊买到冰激凌没有? 为什么?

• 它买冰激凌的时候应该怎么做?

(4)大家来排队:老师出示小动物图卡,让孩子给小动物排队。

3. 活动讨论:怎样排队

(1)小动物都学会排队了,那么小朋友会排队吗?

(2)我们生活中哪些地方需要排队? 为什么要排队?(引导幼儿讨论、回答)

(3)播放幻灯片"我会排队",回应幼儿的回答。

(4)提问:我们应该怎样排队呢?(孩子回答)

(5)小结:排队要一个跟好一个排整齐,排队时不能插队、不能拥挤、要保持间距。

4. 活动练习:我会排队

(1)老师:如果不遵守秩序,不排队会出现什么后果? 排队拥挤会怎么样?(引导孩子回答)

(2)巩固排队的要点:不插队、不拥挤、保持间距,养成自觉排队的好习惯。

（3）练一练：请孩子排队来接水，巩固排队的好习惯。

【故事推荐】《小熊买冰激凌》①

小熊最爱吃冰激凌了，一到夏天，它每天都要去小兔的冰激凌店里买冰激凌吃。

一天，小熊又到小兔的冰激凌店买冰激凌。今天买冰激凌的人特别多，小兔的店门口排起了队。有小猪、小狗、小猫、小羊。小熊排到小羊的后面，它看到有这么多人排在前面，心想，要等多久才能买到冰激凌啊！

天上的太阳晒得小熊头上直冒汗。小熊想，我为什么要排在后面啊！我要挤到前面去。于是，小熊推开小羊、小猫和小狗，使劲往前面挤，小猪刚买了冰激凌拿在手里，被小熊挤得没站稳，手里的冰激凌掉在了地上。

小猪很生气，对小熊说："你为什么不排队？我们大家都排队买冰激凌。你把我的冰激凌都挤掉了！"小羊、小狗、小猫也很生气，都嚷嚷着叫小熊排队。小熊只好重新排到队伍后面。

好不容易轮到小熊买冰激凌了，冰激凌店的老板小兔说："对不起！冰激凌刚好卖完了。你明天再来吧！"小熊一听着急了，他嚷道："怎么刚轮到我就没有了呀？"

小兔说："你刚才把小猪的冰激凌挤到地上去了，小猪只好重新买了一个。就是因为你不排队，才浪费掉了一个冰激凌，要不然你就可以买到冰激凌了。"小熊听了，只好红着脸低着头回去了。

（六）其他可供尝试的应对策略

1. 编号法

老师给孩子排好队后，让孩子数出自己是第几排第几号，记住后，老师组织孩子反复练习，使孩子不断巩固记忆。

2. 照相法

老师给孩子排好队后，让孩子用自己的小手模仿照相机，把左右两边

---

① 资料来源：https://www.youeryu.com/zaojiao/gushihuiben/550672.html.

的同学"照"下来,让孩子在乐趣中记住自己的位置,同时,也帮助左右两边的同学记住了位置。这种游戏的方法,不仅使孩子产生浓厚的兴趣,而且让小朋友之间增进了友谊,培养了孩子互相关心、互相帮助的精神。

3. 选择法

老师准备一些小图片,在课上,让孩子根据自己的喜好来挑选,在孩子挑好后,根据图案的不同,分别在不同图案的线后站成纵队,并提出明确要求:互相谦让,不挤、不抢、不推人。待孩子适应能较快地站好队后,老师可以根据孩子的能力继续提出要求:能不能按身高由矮到高排队呢? 能不能从高到矮排队呢? 这样可以充分发挥孩子的学习自主性,提高孩子在活动中分析问题与解决问题的能力。

【小练习】

小白排队时需要牵着前面小朋友的衣服,这在小班阶段还可以,但中班小朋友都不用牵衣服就已经可以排好队去操场了,小白如果不牵衣服就会走着走着离开队伍。小白对同伴的关注力不太好,在无提示牵衣服的情况下无法持续关注前面的小朋友。幼儿园老师安排一个愿意被牵着衣服的小朋友站小白前面,这是短期的支持,长期对策还是需要提高小白对同伴的关注力。

试应用本节策略,给小白做一个初步方案吧。

三、声音控制

【案例】幼儿园老师反馈班里的小白声音控制能力比较弱,经常听见他自言自语、发出咂嘴或"嗯嗯""咯咯咯"的声音,有时候还会发出很奇怪的声音做出奇怪的动作,这让班里的小朋友觉得小白很怪异,不大愿意和小白一起玩,老师对孩子的心理健康和社交情感的发育表示担忧。

首先，需要对行为背后可能的原因进行分析，如以下：

（1）满足口唇部的刺激需求。口唇外侧有需求时，孩子常常会发出咂嘴的声音，或者口腔内通过舌头发出"咯咯咯"的声音。

（2）发音练习及自我满足。孩子在语言发展初期，会不断练习自己学会的音节，或无聊时解闷的方式（类似于哼歌）。

（3）延时模仿。是对在之前学过的东西的一种模仿，只是略有延时，会被后期的某种线索诱发出来。

（4）表现欲望。孩子在某些时候只是在向你陈述一个事实，讲述他之前完成的动作或经历过的事情，但并没有沟通意愿。

（5）引起关注或表示停止/禁止。在他想要做的事情被禁止时，或者在他对某种事情不赞同时，通常会发出怪叫，以引起他人的关注。

（6）规则意识较为模糊。在想要表现自己时直接表现，不考虑此时身处的场地和时间是否合适。

针对可能原因，班级老师可以尝试：

（1）通过按摩或发音游戏帮助孩子满足口唇部的需求。

（2）老师可以模仿孩子的发音，并尝试进行变换，让孩子模仿老师，丰富孩子掌握的音节。

（3）在合适的时候模仿孩子的话，让孩子知道这句话正确的使用方式，如孩子经常不分场合地说"土豆吃不吃，不吃"，那么老师可以在孩子吃土豆的时候说"土豆吃不吃，不吃"，在吃青菜的时候说"青菜吃不吃，不吃"……以此泛化孩子的言语表达。

（4）使用视觉材料。通过《教室里的声音》（见图4-1）帮助孩子了解在不同的场景下应该用什么样的声音，通过《课堂保持安静的行为导图》（见图4-2）让孩子了解在课堂上不同的行为表现会有什么结果。

图 4-1　教室里的声音

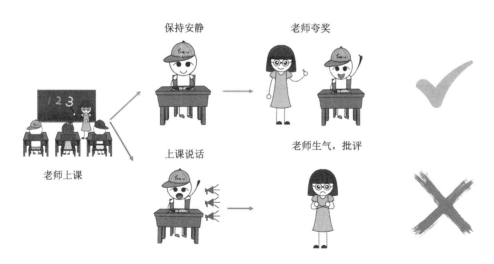

图 4-2　课堂保持安静的行为导图

让孩子学会遵守规则,学习如何为自己的行为负责,是幼儿园班级老师义不容辞的责任。

四、午睡

【案例 1】小白是一名刚升上中班的幼儿，小班时他的午睡准备工作很混乱，完全不知道要干什么，生活老师看不下去就会亲自帮他脱衣服、哄他午睡，所以小白很依赖生活老师。到了中班后，生活老师觉得不能继续"惯着"小白了，长期黛办会影响小白思维条理性及动手能力。那么，生活老师可以怎么做去帮助小白独立完成午睡准备呢？

由案例 1 可知，小白可能是不清楚午睡准备的流程，对此老师可以采取以下策略：

第一，以视觉化的方式帮助孩子确认午睡前的工作流程：小便、脱衣服、盖被子、安静躺好；

第二，老师用口头提示或动作提示每一个步骤。最初，老师可以用"首先，然后"规则引导孩子记忆并完成所有的动作。一段时间后，老师不再直接口头提示了，而是请孩子自己做，遇到问题了老师再进行辅助。如果在撤掉口头提示、动作提示后，孩子有时还是不能独立完成午睡准备，老师可以考虑提供视觉提示材料——午睡准备流程图。最后，老师帮助孩子在无辅助和提示的情况下独立完成所有的工作。

【案例 2】小白在幼儿园（不管是课上还是课下）喜欢发出"啦啦啦啦……""叽叽叽叽……"的声音，喜欢甩手、抖脚。到了午睡时间，其他小朋友都在安静躺着，他还发出声音，伴随手脚乱动。老师言语提示他后，他能坚持 2、3 分钟安静躺着，之后还是故态复萌。因此，老师希望得到专业支持——如何能让小白在午睡时学会控制自己的嘴巴保持安静、手脚不动呢？

案例 2 中的小白对口腔内、唇周及四肢的触觉需求比较强烈，如果老师只是一味地让孩子克制生理需求,孩子其实很难长期坚持,因此建议老师根据"堵不如疏"的原则,满足小白对口腔内、唇周及四肢的触觉需求。具体而言,最初,老师可使用触觉按摩球帮孩子按摩放松;一段时间后,孩子的触觉需求量没有那么大时,老师可以采用徒手按摩的方式帮孩子放松;最后,让孩子慢慢脱离按摩直接准备睡觉。

【案例3】据张老师反馈,班上有好多名午睡"起床困难户",其中小白这个孩子是最令张老师头疼的,他要么一直赖在床上拒绝起床,要么就发脾气(踹老师、抓老师手、大哭等)。

对于案例3中小白的情况,可以从三方面进行思考:

1. 家校沟通

向小白家长了解孩子在家中的午睡时间是否与幼儿园不一致(有可能在家中午睡时间比较晚),家中是否能进行午睡时间调整? 这样能让孩子有比较稳定的睡眠生物钟。

2. 入睡前

帮助孩子完成入睡准备工作,尽快进入睡眠状态,这样才能有充足的睡眠,不会因为睡不够而不愿起床。

3. 起床时

(1)不要求孩子立即起床,给予缓冲时间。

(2)引导孩子冷静地说话,树立"发脾气没有用"的规则。

(3)给孩子解释起床后需要完成的事情,激发孩子兴趣,减缓孩子的焦虑情绪。

具体而言,起初,老师可先叫孩子起床,但不要求他立即穿衣服,可以请他看看其他小朋友有没有醒来、醒来在做什么……一段时间后,再请孩子穿衣服起床,穿衣服的过程中也可以给孩子输入等下要做的事情,让孩子有所期待。最后,孩子能够心情愉快地去上课。

五、户外活动

【案例1】小白对于区域、距离、位置、界限等没有很清晰的认知，所以有时会无意识地离开指定区域，这种情况在户外活动时更加明显，比如：在操场做操时跑到别的班级去做操、在户外种植园上课时跨进苗圃里、在户外上体育课时到处乱跑……

基于该案例的实际情况，我们建议老师采用视觉提示的策略，用地胶贴出一个固定区域，要求孩子在做早操的时候不能离开该区域。刚开始，老师需要全肢体辅助，让孩子在该区域内活动，同时提醒并辅助孩子低头看脚下；一段时间后，孩子可以在老师的口头提示（如下达指令"小白站在线上"或"小白站在圈里"）下坚持在该区域内一段时间；最后逐步撤离视觉辅助标志，同时输入距离的概念，让孩子理解在早操课上应该和每个人保持相应的距离。在上种植课和体育课时，老师也可以参照这一思路进行应对。

另外，这一策略还需要家庭及多学科支持，如：家庭运动游戏中可以加入圆圈内原地踏步、美术课上增加在规定区域内涂色、语言课增加认知理解：什么是圈/线……

【案例2】小白在教室内上课时表现还可以，但一旦到操场上课，就"放飞自我"，要么在操场上随意奔跑，要么不听老师指令随意动器械，要么跟其他小朋友打架。

原因分析：

（1）感知觉刺激需求量大。孩子在前庭或其他感觉上的需求量大，会导致孩子在操场上不听指令的随意奔跑。

（2）规则理解和执行力较弱。孩子听到指令后，仍然被自己正在进行的活动吸引，并继续活动，不执行指令。玩器械时应该怎么玩、不应该做什么、是否要排队、能否推搡他人……这些规则孩子不能理解,所以无法更好地在操场上玩耍。

（3）社交技巧缺失。操场上的游戏大多涉及排队、轮流之类的规则,还有很多的社交问题:如何加入、如何占有。孩子不知道如何开展这一系列的社交活动,就很可能违反了操场游戏的规则,甚至出现各种情绪问题。

应对策略:

（1）进入操场后,影子老师先带领孩子满足一部分的感觉需求,帮助孩子平复情绪。

（2）老师引导孩子按照规则进行游戏,同时帮助孩子熟悉这些规则:"用安全的方法玩""手和脚不碰别人""沙子在沙池里面玩"等。

（3）通过假想的社交游戏或社交故事帮助孩子掌握社交技巧。

六、如厕

【案例 1】小白已经 5 岁了,但还是不会站着小便,每次无论大小便都是坐着完成,虽然小白没有意识到自己和其他男生有何不同,但同学们和老师告的最多的状就是:"小白坐在马桶上小便。"每次老师要求小白站着小便时,小白都会十分抗拒,大哭大叫,宁可不小便也不要站着小便。小白经常性的尿裤子让老师感到十分头疼。融合督导经过综合评估,发现小白的如厕问题主要是由生理原因导致,接下来的应对计划如表 4-2。

表 4-2　案例 1 的原因分析及应对计划

找原因	定计划
1. 动作技能不熟练	增强体育训练,形成稳定的肌肉记忆
2. 核心力量较差	力量训练:耐力、爆发力

（续表）

找原因	定计划
3. 重心转移不稳	平衡觉与本体觉的统合训练
4. 动作计划困难	视觉材料：先……再……最后……
5. 语言表达受限	简单固定句式＋复杂句式输入（情境旁白）

【案例2】小白，6岁，从小班开始，上课就会尿或者拉在裤子上，到现在已经两年了。小白能表达"我要小便"，但不主动跟老师说。经过观察，主要有以下两个原因：受到惊吓（较少）；故意逃避上课。

因为原因一的发生概率较小，所以我们主要就原因二进行应对，对此建议老师强化小白的上课动机。

小白感觉需求较大，喜欢坐摇摇椅，每天放学回家会坐摇摇椅，再加上小白很喜欢佩奇，所以可以将"佩奇摇摇椅"作为强化物。在以佩奇摇摇椅作为强化物后，小白近两周均没有尿/拉在裤子里，可跟随集体课下大小便。同时还建议老师们在课堂中设计一些活动代替，如：画与课堂内容相关的画或者涂色，尽量让小白参与活动，这样小白不会因为无所事事，又听不懂课程而逃避上课。

七、收拾玩具

【案例】小白已经是大班的小朋友了，当区角游戏时间结束，收玩具的音乐响起，其他小朋友都开始收玩具，可小白还是毫无反应，自顾自地继续玩玩具，需要老师走到他跟前多次强调，他才知道要收拾玩具。

原因分析：听到收玩具的音乐要收玩具，孩子无反应，这可能是因为孩子对于非语言线索的社会性含义的理解存在困难，导致对老师反复强调的指令的独立执行存在困难。尤其是嘈杂环境中，孩子的听觉辨识能力较弱,孩子不知从哪里开启。

应对策略:

(1)语言康复中加入听觉的训练,尤其是指令的执行、不相关的两步指令。

(2)家中和孩子玩学校一样的"听到什么音乐,做什么事情"的游戏。

(3)辅助孩子多开启(家校配合)。

(4)建立收拾玩具的习惯(家校配合)。

八、进餐

进餐问题是特需幼儿在幼儿园融合时最常见的问题之一,儿童的营养和进餐行为也是父母特别关注的行为之一。有些特需幼儿,可能在他们吃什么和不吃什么方面过于挑剔,这会导致他们的饮食营养多样性低于其他的小朋友。对于食物的恐惧和难以直接接受食物,是我们在融合教育实践中听到的父母最常见的担忧。甚至有研究显示,超过一半的自闭症儿童对进餐存在着某种困难。

对于孩子的进餐问题,我们首先需要排除是否是医学问题(如蛀牙、咀嚼困难、胃酸反流等)和其他生理性问题。有的孩子由于感觉处理的困难,会导致对食物的质地、手感、口感、气味、颜色等存在异常反应;有的孩子对食物的排斥,不一定是因为气味或味道,有的时候可能是由于不适应食物在嘴巴里面的感觉导致的。在这种情况下,要寻求专业的医生和语言治疗师的帮助,请他们对孩子进行全面、系统的评估,给出治疗方案。因此,幼儿园老师对孩子进行进餐介入之前,请确保医院筛查过并已解决以上相关的生理性问题。

其次,需要排除孩子是否在感官上厌恶食物,或因为不熟悉食物感到恐惧。有的家长、老师或保育员为了让孩子吃饭,可能曾经试图强迫孩子吃饭。这样的迫使行为，会使得孩子的进餐焦虑恶化，从而形成进餐时间的压力模式。恐惧和焦虑会使孩子的身体处于战斗或逃跑的状态，后果就是孩子会以一种更强有力的方式关闭饥饿模式。

那么，如何扭转这种模式呢？当孩子焦虑的时候，一般会倾向于回到让他感觉到舒服的地方，会喜欢做他可以把控的事情，或者是对孩子来说有意义并且让他感觉到安全的事情。建议老师花几分钟时间，帮助孩子在饭前进行放松训练——可以一起练习呼吸，一起听孩子喜欢的柔性音乐，也可以使用相关的视觉材料，帮助孩子调适压力。此外，老师还可以引导孩子参照身边的小朋友怎么吃饭的，如：小紫张开嘴巴吃了一大口，她吃得很香；小蓝自己用右手拿勺子，自己把肉放进嘴巴里，真棒……和小朋友们一起吃饭可以帮助孩子通过模仿同伴来学习。

关于孩子的进餐问题，在幼儿园的融合实践中会有不同的表现，所以我们接下来会通过不同的案例来进行分析，看看如何帮助孩子吧！

（一）进餐时不能安坐

【案例】老师反映小白进餐时经常不能好好吃饭，会出现蹲或跪在椅子的行为，多次提醒无效后，保育阿姨只好抱着他吃饭，但有时他也会扭来扭去、挣脱阿姨的束缚，然后跑走。

原因分析：

（1）本体觉失调，孩子有可能会出现蹲在/跪在椅子上的情况。

（2）感觉敏感。孩子因为对嘈杂的声音、食物的味道等不喜欢而出现焦虑的表现，进而想要逃离用餐环境。

（3）注意力缺陷，对一件事情的注意力集中时间短。等餐/用餐时间过长，孩子难以安坐。

（4）感觉刺激需求量大，孩子需要通过不停变换身体姿态来满足自己的刺激需求。

应对策略：

（1）安排合适的儿童餐椅。如果没有该条件，可以允许孩子变换姿势吃饭。

（2）等餐过程中，给孩子找些事情做，比如玩积木、出去走走……

（3）家长带孩子在外吃饭时，如果是不合适孩子安坐吃饭的地方，建议选择先用替代食物让孩子充饥，直至找到合适就餐的环境。

（二）极其挑食，不吃幼儿园的食物

【案例】根据家长反映，小白是一个极其挑食的孩子，基本只吃薯类食物，现阶段依靠吃蛋白粉、维生素、喝牛奶维持健康。小白的身体因为挑食而变得很差，属于清瘦型，经常流鼻血、易出汗、容易皮肤瘙痒、情绪波动大。根据幼儿园老师反映，小白在园就餐时会随意下座位、很好奇地观察或不停询问老师的饭菜是什么，拒绝吃水果和绝大部分饭菜，愿意吃下午加餐的薯类食物、玉米、愿意喝果汁。

原因分析：

（1）对于挑食行为，首先需要检查以下生理情况：

- 检查是否存在医学上的原因，如：食物过敏、胃酸反流、肠炎、牙病、吞咽困难等。

- 检查生理味觉、嗅觉是否不敏感或过于敏感。如果是过于敏感，可能会不敢轻易尝试不熟悉的味道。

- 检查口腔肌肉的功能，如：口腔感知觉、咬肌肌肉力量、口腔协调性、口部运动的范围、食物控制能力等。

- 检查吞咽能力。

（2）规则意识不强，没有掌握幼儿园进餐规则和礼仪。

（3）错误认知，认为"只有××是好吃的，其他东西不好吃"。

（4）语言表达受限，所以会不停询问同一个问题。

（5）失败的经验。曾经对于进餐有过不愉快或者失败的经验，所以可能会对不在自己接受范围内的食物非常抗拒或者对进餐环境有很高的要求。

应对策略：

（1）医学检查、口肌训练、感知觉平衡训练。

（2）老师温柔而坚定地执行进餐规则："你在什么时间应该做……"

（3）输入"我试试看，哇！这个好好吃！"的概念，改变孩子的错误认知。

（4）提供适量的强化物，约定吃完之后的奖励，促进孩子愉快地进食。

（5）食物搭配：把孩子喜欢吃的与不爱吃的搭配在一起（2∶1的比例）。

（6）提出具体要求。根据孩子的情况约定具体吃多少，如："你要喝两口汤还是三口汤？"

（7）分三个步骤试一试：一个吻→闻一闻→舔一舔；一个吻→舔一舔→咬一口；一个吻→咬一口→咬三口等。

（8）使用"先—后"的原则，说明清楚吃完之后可以做什么。

（9）游戏《蔬果拼拼乐》：老师/家长和孩子一起用蔬菜或水果拼成各种小动物或日常物品（孩子喜欢、感兴趣的），引起孩子的兴趣，减少孩子对食物的抗拒，然后再和孩子一起尝试味道。

【拓展阅读 4－1】儿童对食物接受度的量表

儿童对食物接受度的量表
0：拒绝尝试（伴随、没有伴随挑战行为）
1：触摸食物，尝试向嘴巴移动（不包括的触摸行为，如：拿起来扔）
2：把食物放在嘴唇处
3：咬一口
4：咬一口后放进嘴里，拒绝吞咽
5：拒绝食物，拒绝吞咽
6：不情愿地吞下
7：没有任何不愉快或挑战行为，能够接纳食物

（三）只吃粥饭，不吃菜

【案例】小白在幼儿园进餐时喜欢且只吃主食（如白粥、米饭），如果是甜软的食物（如南瓜、点心）他有时也吃，但如果是青菜、肉之类的食物，他就非常不愿意吃，在老师的鼓励下，他才稍微吃一点点。

原因分析：

（1）首先需要检查以下生理情况：

- 检查是否存在医学上的原因，如：食物过敏、牙病、吞咽困难等。
- 检查生理味觉、嗅觉是否不敏感或过于敏感。
- 检查口腔肌肉的功能，如：口腔感知觉、咬肌肌肉力量、口腔协调性、口部运动的范围、食物控制能力等——根据案例情况，小白的进餐问题很可能与咀嚼能力有关。

（2）个人偏好主食和甜软的食物。

应对策略：

（1）如果是咀嚼能力问题，导致不喜欢吃菜，可以增加口腔按摩、口肌训练。

（2）如果是挑食，专业的处理原则是：不能强迫或硬来（无论如何，都不能用强迫的方式放东西进孩子嘴里）。

- 开始时，不要立即让孩子吃大人认为有营养的食物，可以循序渐进地来。从喜欢的食物开始，把孩子抵触的食物夹杂在其中，或者把喜欢吃的东西作为奖励。
- 可以先给孩子盛少量的米饭配较多孩子喜欢的菜，如果米饭吃完了菜也有相应减少，再盛少量的米饭一起食用，然后逐渐再减少喜欢的菜的品种，增加食物的品种丰富性。
- 挑选合适的时机（如：感到饥饿但还不是饿得很厉害的很时候、开启新的特别喜欢的活动前），作为条件进行。

- 挑选状态：开心的时候、游戏之后心情好、情绪高涨的状态。

（3）家校沟通每次的进食量。

（四）不能等待，抢食物

【案例】进餐前，小朋友需要安静地坐在座位上等待生活老师将餐点逐个发放，每到这时，小白就对等待很不耐烦，直接冲上前把餐点拿走。被主班老师批评教育几次后，小白稍微收敛一些。但因为他的座位比较靠后，需要等待的时间要久一点，所以最后他还是等不了，直接去抢了其他小朋友的食物。

原因分析：

（1）不理解等待的规则，认为是"不给我吃"或者"老师偏心，先给其他小朋友吃"。

（2）孩子在家中"有求必应"，所以不愿意遵守规则。

应对策略：

（1）帮助孩子练习等待技能。最开始，老师可在上课时进行等待练习。等待时间从 2—3 分钟开始，孩子完成任务后，立马给予表扬奖励。经过一段时间训练，孩子能等待 10—20 分钟，此时也可用孩子喜欢的食物进行练习等待，等待时间和孩子具体能力相联系。最后可将孩子的等待练习泛化到最喜欢的食物。在孩子无法完成或不愿意完成时，老师可用孩子以往的成功经验进行鼓励，必要时可加以动作辅助。

（2）老师与家长强调家庭规则的养成。在家庭生活中，家长可根据老师教授的等待练习进行强化训练，提高训练效率，同时改变以往的有求必应的教育方式，树立正确的等待规则。

（3）社交故事。

社交故事《我能在就餐时等待》①

中午,我在教室里吃午饭。	
我听到老师说:"吃完其他饭菜后,才能吃鱼片。"	蔬菜、米饭　　　鱼
我很喜欢吃鱼。每个人都想快点吃到自己喜欢的食物。这很正常。	
这时候,我可以试着等待。	
我试着这样做: 1. 我可以轻轻对自己说:我能等吃好其他饭菜后再吃鱼。 2. 把鱼放在一边。 3. 先把除鱼以外的饭菜大口吃掉。	

———————

①　社交故事插图来自网络:https://image.baidu.com/教师们在具体实际中可以根据幼儿的情况进行替换。

（续表）

当餐盘里就剩下鱼的时候，我就可以开心吃鱼啦！	

（五）吃相邋遢，饭菜到处掉

【案例】生活老师反馈：小白在家里很少自己进餐，几乎都是爷爷奶奶喂着吃，可到了幼儿园，老师没办法次次都喂他，而且幼儿园很重视孩子的自理能力，所以老师都尽可能让他自己吃。但小白每次吃饭都搞得很狼狈，衣领是脏的、脸上也是脏的，饭菜也到处掉（差不多掉了一半），吃完也不收拾直接就去玩玩具。

原因分析：

（1）共同关注、视觉搜索能力弱，没有注意到饭菜的位置。

（2）颜面部触觉、感知觉不敏感，没有感知到饭菜掉了。

（3）家长"包办式育儿"，孩子自理能力较差。

应对策略：

（1）增强眼神共同关注、视觉搜索的练习。

（2）增强颜面部触觉、感知觉的练习。

（3）学习如何处理掉落的饭菜。最开始吃饭时，老师可多次提示孩子"眼睛看餐盘"，一段时间后，吃完午餐，老师提示孩子收拾餐桌和餐盘。最后，在洗手池处洗脸、洗手。

（4）在家庭教育中，家长同样需要着重强调眼神的练习，以及颜面部的触觉、感知觉的练习。

【家校合作加油站】家长该如何使用恰当的干预策略,来帮助孩子更好地配合吃饭呢?

第一,家长之间要统一战线。家长之间的喂养理念不同,直接影响到孩子是否能够更快、更好地独立进食。特别是家庭成员较为复杂的家庭,如家里有爷爷奶奶、外公外婆等。父母与长辈之间、父母之间的喂养理念可能会产生差异,家庭成员之间可能会因为孩子的喂养问题产生分歧,如果不能很好地达成一致的目标,就有可能会影响孩子养成良好的进食习惯。因此,家庭成员之间首先要达成统一战线。

第二,根据孩子的不同情况,采取相应的策略:

1. 挑食的孩子:尝试新食物的时间选择上,最好不要选择在进餐时,而是在孩子情绪较好,或者很饿时让孩子尝试新食物,孩子可能会更容易接受。在食物的选择上,可以先选择与孩子喜欢的相似的食物(如意大利面和炒面),鼓励孩子尝试新食物。除此之外,可以将孩子不喜欢的食物变个花样,如将蔬菜做成饺子馅、做成各种可爱、漂亮的图案、形状等。

2. 坐不住的孩子:解决安坐问题,明确要求孩子的坐姿(3 个 90 度)、吃饭时使用相应的餐具(最好不要用手抓饭)、坐在桌子旁边、不想吃时也要坐在桌子旁边等待等。

3. 爱吃的孩子:对于比较爱吃、饭量大、有超重趋势的孩子,家长要注意孩子的身体健康,建议家长适当控制孩子的饮食量,饭前先喝汤,与孩子提前约定一餐吃多少,通过记录表来进行自我监控。如《每周食谱》,孩子完成一餐就可以写上文字(如今天吃的食物名称)、贴上食物的照片、在食物照片下打钩等,完成之后就可以去进行其他的活动。此外,还有一些策略可以参考运用:

1. 假装游戏、绘本、动画片。家长可以与孩子玩与餐厅有关的假装游戏,帮助孩子去认识食物的颜色、形状、特点等,同时提高孩子假想的能力。如果孩子喜欢看绘本,可以准备一些与进食有关的绘本,如《胖国王》《汉堡男孩》《我爱吃饭》等。每一个孩子都喜欢看动画片,所以可以引导孩子看与进食有关的动画。

2. I message(我信息)策略:"我看到……""我听到……""我觉得……""我相信……""我希望……",我们鼓励家长多使用 I message 策略来详细地描述、夸奖孩子的行为,如"我看到你自己用右手拿起勺子了""我觉得你的手拿得很稳,你真棒"等。同时鼓励孩子用"我信息"来进行自我强化,如"我可以自己拿勺子""我的嘴巴张得大""我喜欢吃肉"等,有助于提高孩子的自我意识和内在积极性。

3. 视觉材料的搜集和制作：照片、视频。自我示范对孩子来说非常重要，孩子可以通过看自己的照片和视频，来看到自己什么样的行为是好的、什么样的行为是不好的、可以怎么做……在融合教育实践过程中，我们会在孩子进食的时候出示视觉材料，孩子就能够调整自己的姿势；如果孩子很喜欢看自己的照片，那么家长还可以将视觉材料作为强化物，孩子做到"好好吃饭"后就可以看视觉材料。

现在，相信家长已经了解了如何帮助孩子在家顺利配合吃饭的有效策略，那么现在，就请带着孩子一起参与，通过游戏，在愉快有趣的亲子互动中，培养孩子良好的饮食习惯。

游戏 1：我是揉面小高手

适合年龄：2 岁及以上

用具：面粉和水

玩法：家长往面粉中加入适量的水，把面粉揉搓成一个柔软的小面团，然后让孩子试着用手在桌面上任意揉搓面团，发挥创意——可以捏成更小的面团，也可以压成面饼等。

游戏目标：学会卷、捶、压、拍、打、搓、拉等动作。

需要注意的是：家长不必太在意最后的成品，只要鼓励多尝试即可。

游戏 2：我是小帮手

适合年龄：3 岁左右

用具：餐具、水果等不易摔碎的物品

活动：引导孩子一起帮忙在吃饭前摆放餐具、给每个家人包括自己分水果。家长同时鼓励孩子，能帮助一起做家务，特别厉害！

活动目标：孩子在一起参与家务的过程中，能感受到吃饭是每个人必须要做的事情。家长要鼓励孩子和家人一起吃饭。

【思考题】

小白在幼儿园吃饭时，总是喜欢从椅子上滑下来。他吃饭速度很慢，吃了一口就要去餐桌旁边的架子上随意翻看卡片。小白不喜欢吃蔬菜，在家里妈妈会把蔬菜切得很小，做成菜饭或蔬菜馄饨，小白才会吃一点蔬菜，但幼儿园的饭菜都是统一做好的，无法给小白提供"私人定制"。如果您是小白的老师，您会采用哪些策略，帮助小白建立良好的饮食习惯呢？

第五部分

情绪篇——情绪稳定是被接纳的前提

一、在课堂上突然大笑

【案例】当老师在上课或者大家都在区角玩游戏时，小白有时会突然放肆地"咯咯咯"大笑，被老师制止后，他会捂住嘴巴安静一会儿，可过了一会儿后，他又变得很亢奋，继续大笑。

原因分析：

（1）规则意识较为模糊。在想要表现自己时直接表现，不考虑此时身处的场地和时间是否合适。

（2）抒发情绪。有些孩子会通过大笑来表达自己的开心或者紧张。

（3）满足刺激需求。大笑的时候发声部位会开始震动，全身肌肉收缩后放松，这是很好的满足感觉刺激的方式。

（4）无聊，用大笑吸引别人的注意力。

应对策略：

（1）制作可视化图纸，让孩子清楚什么时候应该做什么事情，不能做什么事情，可以与代币同时使用，以作强化。

（2）给孩子设定一个可以让他单独抒发情绪的地方或物品，感觉情绪不佳或者比较亢奋时，可以去坐一坐、玩一玩。

（3）老师可根据孩子平时的表现，预估孩子可能出现情绪激动的情况，做好提前预防，在孩子即将情绪激动时让实习老师或影子老师将孩子暂时带离当下的环境，使其更快更好地恢复平静。

（4）老师可以在游戏课上组织大家一起玩"表情大比拼"的游戏，孩子的大笑在其中并不突兀。

二、大声尖叫、自伤、攻击行为等

【案例】根据小白的班级老师反馈，一般情况下，小白在学校里比较安静乖巧。但是小白一遇到特别喜欢的东西，或者特别想做的事情时，就一定要得到或者做到；否则小白将大发脾气：尖叫、哭闹、一边看老师一边打头、咬手指，甚至做出打老师的假动作。面对"易燃易爆炸"的小白，班级老师觉得无从下手。

表 5 - 1　案例分析情况表

目标行为	可能的原因	应对策略
尖叫、哭闹	1. 发泄情绪、表达不满，但语言表达受限； 2. 规则意识薄弱。	1. 引导学习基本情绪的认识与表达："我很……因为……" 2. 建立课堂常规，什么时间做什么事。
打头、咬手指	1. 发泄情绪、表达不满，但语言表达受限； 2. 规则意识薄弱。	1. 引导学习基本情绪的认识与表达："我很……因为……" 2. 建立课堂常规，什么时间做什么事。
假装打老师	吸引关注，挑战权威。	老师把握原则底线，适当冷处理。
想做的事情一定要做	错误认知	纠正"我现在不做……我就不能做……"的错误认知

【融合案例分享】

按幼儿园老师们的描述，小杰在幼儿园的生活可以用"鸡飞狗跳"来形容。早上刚入班，小杰就开始在教室到处探索，开始了一天的"工作"——到处翻找喜欢的玩具。在李老师的安排下，小杰最后坐在了桌子上画画。坐在角落独自画画的小杰，和另一边结伴玩游戏的小朋友，仿佛是两个世界。"咚咚咚"传来拍拍鼓的声音，小杰仿佛没有听到，继续画画，李老师提示小杰"拍拍鼓响了，上课了"，小杰突然大叫"啊"（平时也是如此，只要一阻止他做他想做的事情就会大声尖叫）。在李老师的安抚下，小杰终于回到座位上课。5分钟过去了，小杰突然大声说"我要坐在哥哥后面"，李老师拦住搬椅子的小杰，小杰又开始大叫。类似这样的事情时常发生，老师一阻止，小杰就会大叫，老师不阻止，小杰就会满教室跑并且在墙壁乱涂乱画，影响课堂秩序。

小杰主要因为规则意识模糊，并且没有得到专业的辅助，导致其不良行为被强化了。基于此，需要给小杰建立"表现好能够得到老师的关注，尖叫和哭闹不会得到关注"的规则。

具体操作为：刚开始给孩子讲述规则（如：上课保持安静，下课××老师可以抱一下或其他的精神奖励）并严格执行，孩子执行有难度时，老师可全肢体辅助执行，并在孩子遵守规则后给予关注和肯定。一段时间后，孩子意识到自己正确的行为能够引起关注后，可加强口头提示或表扬，减少动作辅助，提高孩子的自控能力。最后，孩子在口头提示下能保持一段时间安静后，可改用课前提醒，上课前对孩子提出要求，必要时可用视觉提示卡进行提示。另外，老师还可分析孩子尖叫的原因是不是身体不舒服或者想表达但表达不出来，并根据具体原因进行处理。

三、躺地、赖地

【案例】小白是一名小班的孩子，喜欢躺在地上或趴着，有时候上课他就喜欢躺在或趴在地上，经老师多次提醒后他才会坐到座位上。小白被医生诊断为注意力唤醒水平低。目前他基本能表达自己的需要，如"不要拿我的""这是我的"……但如果是他不太擅长应对的社交情景，还是容易产生情绪问题，如：当他想做喜欢的事情被阻止或者不想玩某个游戏时，他就会一直赖在地上，不肯起来。

在这个案例中，小白主要有两个行为问题需要关注，一个是需求表达（不擅长用言语表达需求而是通过赖地行为）；另一个是喜欢躺在或趴在地上。对于如何提高小白的社交沟通能力，老师们可以从以下三个步

骤进行泛化:

(1) 示范——用"我要……""我不想……"表达需求。

(2) 语言提示——在实际社交场景中,老师用语言提示孩子用言语表达需求。

(3) 强化——老师夸奖孩子"好好说话真棒"!

对于如何减少孩子的躺地/趴地行为,老师们首先要知道:孩子喜欢趴着或躺着更多的是生理原因,如:核心肌群力量较弱,或者注意力唤醒水平较低,或者没得到很好的休息和饮食,或者感知觉失调,喜欢躺着或趴着的感觉。老师可根据不同的原因来帮助孩子调整生理问题。在本案例中,小白主要是注意力唤醒水平较低,所以老师可以通过帮助孩子按摩背部,刺激百会穴、足三里、手指尖等部位提高孩子的注意力唤醒水平。具体操作可参考以下内容:

老师刚开始就和孩子制订规则:"坐好老师可以给你按摩。"老师这时候需要坐在孩子身旁提供肢体辅助加语言提示,若孩子做到了,可以给予表扬,同时按摩 10—15 秒。按摩结束后,立刻提出新的要求"安静坐 10 秒,按摩一次"以此类推。一段时间后,孩子已经清楚地知道自己坐好可以得到奖励,因此会更加控制自己的行为。这个阶段,老师可以离孩子远一点的距离,并采取口头提示的方式,帮助孩子规范行为。最后慢慢撤出按摩奖励,并根据学校的课时安排来延长孩子安坐时间,同时要求孩子在有躺下需求的时候,先来征求同意。除此之外,老师还可以做好家校沟通,孩子如果在学校习惯躺地,那在家中也很有可能有这个习惯,可以与家长一起给孩子提供支持。

四、大声说话

【案例】李老师是××幼儿园太阳班(小班)的主班老师,她反馈班里有几个孩子经常不分场合大声说话，她提醒"小声一点"后有的孩子能理解并配合，但有的孩子还是我行我素。

以上这个案例并不是个例，很多幼儿园班级老师都会遇到类似的情况。行为背后的原因主要有两方面，第一是孩子不理解声音的等级及使用规范，或者不理解课堂规则；第二是孩子容易有情绪波动（兴奋、焦虑），从而控制不住自己的音量。

针对原因一，老师要帮助孩子理解不同的声音等级和使用规范，强化课堂规则的理解。起初，老师可以和孩子玩大、小声的游戏，让孩子理解什么是"大声"、什么是"小声"。接下来老师可以和孩子输入五级音量的概念，什么情况下应该用什么音量讲话，以及声音大小与情绪的关系。一段时间后，孩子理解了以上内容，但在控制不住自己要大声说话的时候，老师可以通过口头或手势提示音量小一些，当孩子音量转小了以后，老师立即给予其肯定和夸奖。最后，老师逐渐延长提示的时间间隔，甚至可以用眼神提示。

针对原因二，建议老师可关注孩子所处环境是否会影响到孩子情绪控制能力，如果会影响则可略微调整课程内容，或带孩子暂时离开上课场所，等待环境恢复一些后，再带孩子进入教室。

五、对环境嘈杂声感到不安而情绪失控

【案例】小白是个言语能力比较有限的孩子，并且他对于突然的、不在预期之内的嘈杂声会感到很焦虑、很不安，然后就会表现出大叫、大哭、打其他小朋友等行为。老师们对小白突然的情绪失控很不解，有时批评他反而适得其反，弄得老师们更加不知所措。后来学校的融合督导经过功能性行为评估，发现小白是个对嘈杂声比较敏感的孩子，如果他提前知道，心理有准备，则能比较好应对，反之，他就会非常焦虑而情绪

失控。

对此，老师可以从以下三点进行应对：提前预告可能出现的事情；同理孩子的情绪；让孩子选择是出去休息一下还是继续坚持。

具体操作：老师可在课前提前预告可能出现的事情，如会很吵、大家会很开心，说话声音会很大等。如果孩子情绪有些失控了，老师不要"先入为主"地认为孩子"很作""在搞事"，而是同理孩子的情绪，并让孩子选择是出去休息一下还是继续坚持。如果孩子选择出去休息，则可温柔地带孩子去休息（**注意：并不是采用 Time-out 策略**），如果孩子选择继续坚持，则可描述其他小朋友正在做的事情，降低其焦虑感。一段时间后，孩子便能主动选择要出去休息还是继续坚持。最后，孩子的认知能力及情绪调控能力有所进步了，情绪失控的概率自然会减小。

【拓展阅读 5 - 1】什么是 Time-out？

Time-out，翻译成中文就是计时隔离——把孩子排除于奖励之外，在实践的意义上说，是指把孩子排除在一项活动或场合之外，他/她不能成为活动中的一分子或者不能得到表扬。计时隔离的目的是希望孩子能够在犯错误后冷静下来，在隔离的时间段里反思自己的错误。

在美国的一些幼儿园和小学或者是一些家庭中，老师或家长会使用计时隔离作为对孩子犯错的基本处罚手段。当孩子发脾气、打人或做出其他不当行为时，老师或家长会让他独自一个人在"思过角"（一个远离玩具、人、电视、娱乐但不封闭的地方，通常是走廊或房间角落的椅子），将他从原来的环境中暂时隔离。而隔离的时间长短往往由孩子的年龄而定，3 岁 3 分钟，4 岁 4 分钟，以此类推。当然时间长短不是硬性要求，如果孩子在时间之内能够冷静下来，也可以结束隔离。

不能将"计时隔离"作为例行的处理策略，更重要的是提升正确行为的教导；老师可以通过跟孩子约定暗号"你需要休息一下吗？"来减少"惩罚"的意味——因为，孩子也需要"面子"，自尊也是他们的需求。

注：以上案例中老师让小白选择是否出去休息一下并不是 Time-out，而是给予小白选择的权利，缓解他的焦虑。如果案例中老师选择采用 Time-out 很有可能会迫使小白更加焦虑，觉得自己被老师抛弃了。

六、拒绝在户外上课而情绪崩溃

【案例】小白喜欢一个人奔跑、转圈，不愿意和同伴接触，和老师互动较少。他对户外课尤其抵触，每次从室内课过渡到户外课时，他都会赖在教室里不肯走，如果老师多次要求他排队去户外上课，他就哭得撕心裂肺。老师经过评估发现小白游戏技能弱、未体验到社交的好处、语言表达能力弱、同伴关注弱，而户外课大量的内容都涉及游戏且需要与其他小朋友进行互动、需要关注同伴，这对小白来说是不小的挑战。

对此，老师可以从以下三点进行应对：提前预告课程内容及地点的调整；引导孩子慢慢适应，从离课程区域远一些的地方慢慢靠近；同理情绪，给予鼓励。

具体操作：老师可在课前预告上课地点及上课形式/内容，如在户外上体育课。上课时，老师可以先带领孩子在上课场地附近走一走，熟悉场地。一段时间后，可以带领孩子坐在离同伴不太远的地方旁观，同时随着时间的推移，慢慢向同伴们靠近。最后，带领孩子与同伴坐在一起参与活动，参与活动时也不要强求孩子做什么，以孩子心情愉快地参与活动为准则。只要孩子有进步，老师都应给予肯定和鼓励。

【拓展阅读 5 - 2】孩子用整个身体拒绝参与活动怎么办？

1. 明确告知活动，重复指令，如"我们去玩蹦床吧"。

2. 出示孩子之前玩得很开心的图片，唤起儿童的快乐感受，并建立起语言和活动的联结。

3. 鼓励孩子用语言表达拒绝，根据能力选择语言。层级变化："不要"→"我不要"→"不要蹦床"→"我不要玩蹦床"→"我不喜欢玩蹦床"→"让我一个人待会"。

4. 老师可以用具有"诱惑力"的语气描述活动的好玩之处、孩子之前玩得好的点，如"上次有个小朋友跳得很高哦""××小朋友跳了很多次，好厉害""听说你蹦床很厉害哦，老师也想看看"……

5. 在保证安全的情况下，先让孩子自己待一会儿。

第六部分

游戏篇——游戏是幼儿有效的学习形式

一、区角游戏对儿童社会性发展的影响及策略

区角游戏作为一个微型社会，有利于培养孩子的社会常规发展。老师联合家长，通过提升孩子在幼儿园的区角游戏力，可以在融合环境及自然环境中帮助孩子提升并泛化综合游戏方式，最终影响到孩子的社会适应。

（一）什么是社会能力

首先，我们需了解何为社会能力。美国学者马乔里在他的著作《0—12岁儿童社会性发展》中指出：社会能力是指儿童为实现他们的人生目标，并能与他人进行有效沟通所具备的知识和技能。[①] 接下来，我们通过典型个案来具体展现"社会能力"。

【案例】辰辰和小雨在一起搭积木。玩着玩着，辰辰从架子上拿了个长条形积木。小雨看到了，马上把积木抢过去，大声说："这个积木我要的！你不能拿！我要用长的积木造铁轨呢！"辰辰听了，马上护住这块积木，抗议说："这是我先拿的！而且我在修马路！也要这个长长的积木！"就在两个小朋友都在争夺积木的所有权时，小雨提出建议："我们一起用长条积木搭一个火车站吧！这样你的马路可以通到这个火车站，小朋友们就可以去乘火车啦！"辰辰听到了这个建议，觉得是一个很好的主意！于是，两个小朋友恢复了一开始和谐的游戏气氛，开始一起合作搭建火车站啦！

在上述案例的社交游戏中，体现了孩子的哪些社会能力呢？

（1）认知——孩子们在搭积木，知道积木的摆放方式。

---

① 马乔里·J.科斯特尔尼克著；王晓波译.0—12岁儿童社会性发展：理论与技巧（第8版）[M].北京：中国轻工业出版社，2018.02.

（2）社会常规——在玩游戏的时候没有随意跑开、没有破坏同伴的玩具。

（3）情绪的自我调节——在两个孩子争抢积木时，能够控制自己的情绪和行为。

（4）同理心——小雨能站在辰辰的角度来思考问题，考虑到辰辰在修建马路。

由此，我们可以看到，即使是一个简单的互动游戏，也需要运用到诸多知识和技能，这都是社会能力的体现。

（二）区角游戏对社会性发展的影响

了解了社会能力的概念，我们来具体分析区角游戏对儿童社会性发展的影响包括什么。

1. 同理他人

在区角的角色扮演游戏中，孩子能从同伴角度思考问题。比如：玩"小医院"游戏时，"小医生"需要同理"病人"，轻轻给"病人""检查身体"，不能用力按压，否则"病人"会痛。

2. 能和同伴合作

在区角游戏中，有时需要和同伴合作一起用积木建造城堡、大桥；一起假装做"火锅"，在"锅中"放入"食材"等。

3. 共同协商游戏中的角色和规则

比如和同伴一起商议"水果店"里卖什么水果；怎样接待来"理发店"的"顾客"。

4. 观察同伴

观察同伴可以参照同伴或旁观者游戏。孩子在不会玩游戏的时候，可以通过远观或近看同伴，学习如何玩游戏；或者通过围观同伴游戏，先适应游戏内容，保持对游戏的兴趣，再尝试参与。

5. 与同伴交流以及在同伴的反馈中学习

在联合游戏及合作游戏中，会有很多必要的社交语言。适当有效的交流可以维持游戏继续和谐进行。比如：孩子想要同伴的玩具，可以使用固定句式"我用××和你交换××"。为了开启游戏，可以对同伴说："我们一起玩×××。"在分享时，孩子可以说："给你××。"这些句式并不复杂，老师可以教授孩子经常使用。

而"在同伴的反馈中学习"，就需要孩子能具备一定的听觉注意力，关注到同伴的语言，并对自己的游戏进行调整。例如：小白在和小朋友们一起假装做火锅，往"锅中"不断放入"食物"，玩得很投入，以至于没有注意到食材已经很多，快放满了。一旁的小雨提醒小白："不要再放啦！要放不下啦！"这时，小白注意到了同伴的反馈意见，及时停止放入"食物"。

6. 懂得如何开启、维持并结束游戏

开启游戏、维持游戏及结束游戏，对于有特殊教育需求的孩子来说是比较困难的事情。很多孩子不知道该如何表达自己想和小朋友一起玩游戏的需求，有时会在游戏中随意拿同伴的玩具，甚至破坏，使得游戏无法进行；或者在自己不想玩游戏的时候，直接走开，不和同伴打招呼。而这些都涉及游戏中非常重要的社交技能。

7. 积极的自我认同

孩子通过游戏，运用想象力来发挥能力、扮演角色，在游戏的成功中提升自信、获得自我价值的提升。例如：当孩子在小餐厅游戏中，给同伴做了一餐美味的饭，获得了小朋友的赞扬，那么孩子就会得到成就感，从而更有信心继续当"小厨师"。当孩子假扮机长，假装驾驶着飞机，带着乘客飞行，全程都保持"平稳驾驶"，得到了老师的夸赞："小白今天是一个非常尽职的飞机驾驶员！"孩子取得游戏的成功，对提升自我价值、实现积极的自我认同，是非常有必要的。

8. 自我调节

这一块内容包括的范围比较广,情绪、行为、语言都涉及自我调节。当孩子非常想要继续玩游戏,但结束的时间已经到了,孩子就需控制冲动情绪、平稳心态,开始整理玩具;当扮演小顾客,在小餐厅等候"厨师"上菜时,孩子需坐在餐桌旁耐心等待,不随意离座;又或者在游戏中恪守角色,扮演公交车司机时,就安心坐在司机的座位上,不随意走动,当有其他孩子来"换班"时,再离开"工作岗位"。

(三) 促进儿童社会性发展的策略

以上我们可以看到,区角游戏对儿童社会性的各方面发展都有着深远影响。接下来,理论结合实践,基于融合教育实践经验,我们一起来逐一探讨促进儿童社会性发展的有效策略。

1. 如何同理他人

当孩子拥有同理心,那么势必会是一个拥有高情商的人见人爱的孩子。老师可以通过以下策略帮助孩子同理他人:

- "有褶皱的心"——老师和孩子们一起画一颗红色的爱心、并剪下。同时,给孩子以照片行为展示一些不恰当的行为:如拍打他人、朝他人大声说话等。当出现这些行为时,老师就在这颗红色的爱心上折叠一次。经过了数次折叠,再打开爱心,会发现爱心上的折痕已经无法消失。以此清晰的视觉提示材料告知孩子:如果无法同理他人,那么会对他人造成伤害。

- 行为结果导图——通过红绿不同颜色的箭头,表示不同行为会带来不同的结果。

- 我的小手本领大——在教室设置"点赞墙""帮助他人展示墙"等呈现孩子好的行为。

- 社交故事。

2. 如何和同伴合作

在幼儿园中，小朋友的合作会涉及不同的能力，主要有轮流、模仿、计划等等。

1）如何轮流

利用视觉提示材料《红绿灯》可以给孩子清晰的规则提示。该方式可以在个训课及家中先进行尝试。一张圆形卡片的一面是红色，另一面是绿色。然后告诉孩子规则：当出示红色时，是红灯行为，则要等待。当出示绿色时，是绿灯行为，表示轮到自己。同时，强调红灯行为是"叉叉"行为，用双手在胸前交叉，更为鲜明。

2）如何模仿同伴

在游戏中，孩子们模仿搭积木、摆放玩具，是很常见的游戏场景。一开始，需要老师的肢体辅助和语言提示，后面可以使用手势提示，使孩子关注到同伴。同时在此过程中，"I message"策略不可少——利用"我相信小白可以和其他小朋友一起做""我喜欢和小白一起搭积木"的正向支持语言，来帮助孩子逐步形成内部强化。

3）如何制订计划

可以使用流程图，帮助孩子实现执行力的提高。比如在小餐厅游戏中扮演"小厨师"，需要的步骤有：①穿上厨师服；②拿出厨具；③把食物放入锅、烤箱、火锅中等；④拿出餐具；⑤把食物放在餐具中；⑥把食物连同餐具放在餐桌上。或者加入听"小顾客""点餐"环节。在第3个环节后改成：听同伴要吃的食物；拿出餐具；把食物放在餐具中；把食物连同餐具给同伴。

3. 如何关注同伴 & 在同伴的反馈中学习

1）对话泡泡

使用对话泡泡，将孩子可以说但没有说的话，体现在视觉提示材料中。同时，让孩子回忆同伴所说的话。以在之后的游戏环境中，有类似的情况出现时,孩子更有可能注意到并有相关回应。

2)提升辅助层级

孩子在幼儿园环境中,没有注意到其他小朋友说的话,根本原因是孩子并没有关注到同伴。因此,老师需要在适当等待后,提供更多的辅助,如:手指指到同伴的方向,结合语言提示(比如:××说停下来)让孩子注意到同伴。语言和肢体辅助的使用频率是最高的,但手势提示通常会被忽略。而孩子正可以通过手指的方向真正看向同伴、关注同伴,因此需要老师格外注意。

3)夸张的语言旁白

这个策略适用于孩子对同伴关注少、不看同伴玩的游戏的情况。当孩子和同伴坐在餐桌前假装吃美食,旁边的"小厨师"又带来了美味的食物,要给孩子吃。这时,老师就可以用稍夸张又期待的语调进行旁白:"小雨又带来了好吃的蛋糕! 小白可以去拿!"同时加以手势提示,以更好地让孩子看到同伴。

4. 如何开启、维持并结束游戏

1)以合适角色推入

当孩子在同伴的游戏旁不知所措,不知道怎样去参与游戏,或者孩子没有动机去参与时,老师要注意在把孩子推入同伴游戏中时需使用恰当的措辞。我们不能硬生生地让孩子加入同伴游戏,因为其他小朋友已经设定了游戏规则,有了各自的角色,再加入一个额外的角色,是不合适的。因此,我们可以让孩子以配角、平行游戏的方式来简单参与。比如,在小餐厅游戏中,老师可以让孩子尝试作为"小顾客"的角色,和其他孩子坐在一起,假装吃美食;在公交车游戏中,孩子可以跟随同伴一起坐在"乘客"的座位上,简单参与。这样就不会破坏当时的游戏环境。

当孩子通过行为,表现想要担任"主角"的欲望,老师也不能削弱孩子的动机,可以提醒孩子早一些去游戏环境,就能有机会玩到想要的主角游戏；也可以让孩子运用"等待"技能，等当下的"主角"换了其他游戏后，就有机会玩到期待的角色。

2）非言语表达

当孩子想要离开游戏环境，如果是猝不及防地随意离开，那么不太妥当。因此，我们可以教孩子使用一些合乎当下游戏环境的非言语表达顺利退出游戏。如：在小餐厅游戏中，扮演顾客的孩子可以把自己的"食物"、餐具放在吧台上，即可离开，表示已经吃完；或者用挥手，表示"再见"，也是合适的。

5. 如何提升自我认同感

1）选择合适的游戏

当孩子能力较弱，尚不能联合或互动游戏时，切不可强行社交，否则容易造成孩子信心丧失，更加缺乏动机。老师需要关注孩子的兴趣点，选择适合孩子能力的游戏。当孩子喜欢感知觉刺激，就可以参与娃娃家或小餐厅游戏，假装吃食物。而当孩子有大声说话的行为问题时，小舞台游戏就是个不错的选择。在孩子去小舞台游戏时，可以适当播放儿歌，让孩子在音乐的环境下唱歌、说儿歌，稍大声也无妨——因为在舞台上大声的"表演"正是自信的表现。

2）放宽受限条件

孩子在玩游戏时，难免会把游戏环境弄得有些杂乱。此时，我们需要做的不是马上阻止孩子，整理桌面，否则会打击孩子的游戏积极性。我们可以给孩子提供一个大的盘子，让孩子把食物玩具都放在大盘子里，或者可以假装分享，把"食物"放在其他同伴的碗中。这样给孩子受限框架就缩小了，也没有破坏该有的游戏规则。

6. 如何在游戏中进行自我管理

1）不破坏他人的玩具

孩子有时会有意无意地破坏同伴的玩具。为了巩固孩子好不容易搭建的友情,老师可以使用"堵不如疏"的策略原则,在孩子有破坏的苗头时,马上用肢体辅助孩子,让孩子以比较轻的力度摸同伴的玩具,同时语言旁白:"房子好漂亮!火锅真好吃!"表示自己是在夸奖同伴。那么,即使有一些微小的肢体碰触,也不会让其他同伴感到反感,巩固同伴关系。

2)社交故事

可通过社交故事引导孩子发展正向行为,提供自我管理、自我控制能力。社交故事示例如下:

| 我可以礼貌地向别人借玩具 |

二、"制订区角游戏计划"知多少

幼儿园教室里有多种区角游戏，丰富多彩的游戏是幼儿园重要的活动组成部分。孩子们根据自己的喜好、节奏、意愿玩游戏。看似简单、毫不费力的游戏背后，包括了孩子们提前构建好的游戏目标、规则及过程中必须具备的计划。倘若没有目标，那么游戏就没有了继续进行的意义；如果没有规则，游戏会变成一盘散沙；而没有一定的计划，游戏也就失去了组织支撑，游戏过程会变得凌乱、没有条理性。只有拥有了计划，游戏才能有条不紊地进行，否则就可能会出现如下场景：玩娃娃家游戏时，扮演"妈妈"的小朋友丢三落四，总是忘记照顾来家里做客的"小客人"；而在小医院游戏中，"小医生"就会显得手忙脚乱，无法按照一定的步骤给"小病人"看病。那么游戏场面就会混乱，孩子们就比较难从游戏中获得快乐和成就感。因此，本篇作为幼儿园融合中的制订游戏计划主题，就显得尤为必要。主要从游戏计划的概念、制订游戏计划的重要性及制订区角游戏计划的先备技能这三个方面展开阐述，目的是帮助老师厘清游戏计划的意义，为后续介绍如何帮助孩子建立区角游戏计划打下基础。

（一）什么是游戏计划

介绍游戏计划的概念前，我们就不得不提到另一个重要概念：执行功能。为什么会提到执行功能呢？因为制订计划、实施计划甚至包括反思计划，都属于执行功能中的一部分。执行功能，深入到孩子生活的每一个方方面面，涉及范围相当广泛。在这里，我们主要就"计划"相关的功能进行详细阐述。乔治·华盛顿大学医学院的教授 Gerard Gioia 博士等通过完善的研究发展了对执行功能的理解，并创建了一个评估量表,以帮助父母、老师和专业人士了解孩子,并更具体地考虑如何帮助他们发展。

列表	含义
计划能力	为了达到目标或者完成任务而构建步骤方案的能力,也包括判断当前的事情中孰轻孰重的能力
组织能力	有秩序有条理地安排放置物品的能力
工作记忆	在完成复杂任务时能够记住信息的能力,包括利用以前的经验来完成目前的工作或者对未来的问题作出解决计划
反省认知	以鸟瞰的方式了解自己处于什么状况的能力,也是一种自己观察自己解决问题状况的能力,包括自我监督或者自我评价等
反应抑制	行为之前先思考的能力,使我们能够抑制住冲动的言行,而用一段时间考察当前形势,并且对自己的言行会产生什么影响做出判断
情绪控制	通过用理性的思考开调节情绪反应的能力
任务启动	自觉开始完成任务的能力,不会在时间上过分地拖延,或产生独立想法,响应或解决问题的能力
适应、转变能力	在面对挫折、阻碍、错误或者新信息的时候修改计划的能力,包括对环境变迁的适应能力

注:以上数据根据公开信息分析整理。

通过以上的执行功能分类表,我们可以看到其中就有"计划能力"。那么根据计划能力的概念,我们可以总结出区角游戏计划的概念:为完成游戏目标,构建游戏中相关步骤的能力。游戏看似简单,但其实还是包括了必要的计划。我们以幼儿园中常见的区角游戏"小餐厅"游戏为例:

- 若是当"小厨师",则有以下计划:①首先需要穿上围裙,成为"小厨师";②拿出厨具、食物,准备做美食;③拿出做好的食物;④听顾客需要什么食物,拿给顾客(或直接把食物放在餐桌上)。
- 如果是当"小顾客",则应大致遵守以下计划:①到"小餐厅"的柜台前；②向"小厨师"提出自己的需求；③拿好"小厨师"给的食物及相应餐具，放在餐桌上；④假装吃食物。

（二）制订区角游戏计划的重要性

1. 提高游戏效率

儿童的游戏计划和孩子的学习计划、工作者的日常工作计划，是十分相似的。学习计划的制订，能够帮助孩子更有质量地完成相应的学习任务，通过合理分配学习内容，张弛有度，劳逸结合，若能遵守相应计划，则有利于提升学习效率。而游戏中的计划亦是如此。还是以"小餐厅游戏"为例，当孩子扮演"小厨师"时，如果从一开始就将"制服"穿戴整齐，后面就能开始"沉浸式厨师体验"，不会因为没有穿好围裙，而被"顾客"视为"路人"，也不会到后面再被提醒"穿制服"，而放下手中的游戏，变得手忙脚乱。因此可以看出，从一开始就明确游戏计划，对游戏本身有事半功倍的作用。

2. 体会游戏乐趣

当孩子能够根据有规律、恰当的计划完成游戏，可以从中感受到游戏在有条理地进行，最终能根据计划，达成游戏目的。如：在娃娃家中，"爸爸妈妈"做了好多好吃的食物，把"小客人"照顾得很好；在小医院游戏中，"小医生"给"小病人"看病，让小病人恢复健康；在"烧烤摊"游戏中，"摊主"给"顾客"提供了好吃的烧烤，得到了"小顾客"的好评，这些都会让孩子感受到游戏是值得进行下去的，能从中感受到乐趣。

3. 有利于提升与同伴合作能力

在遵守计划的过程中，孩子们必然会和同伴之间有接触、有协商、有合作，从而避免孩子停留在旁观者游戏或平行游戏。根据我们的融合教育实践经验，我们可以看到：在主动制订计划或遵守计划的过程中，孩子们之间会产生以下合作：

- 语言交流——相互给予玩具、组织游戏规则、分配游戏角色。
- 联合/合作游戏——一起"治疗"小病人、一起准备野餐的食物、一起做"火锅"、一起给小宝宝庆祝生日等。

由此可以看到，利用区角游戏计划，能从多方面有效加强孩子与同伴的合作。

4. 加强"工作记忆"

单从"工作记忆"的意义来看，工作记忆是指一种对信息进行暂时加工和储存的容量有限的记忆系统，在许多复杂的认知活动中起重要作用。而工作记忆对于幼儿园的孩子来说，也是有必要掌握的能力。在这里跟大家分享一个案例：中班的小白喜欢玩"比萨店"游戏，喜欢当"比萨店厨师"，但是小白总是忘记该如何做比萨，有时忘记拿"饼皮"，直接把各种肉类、蔬菜食物放在烤架上，就直接给"小顾客"；有时会忘记是哪个"顾客"要了比萨，常常会给错食物。虽然小白很喜欢玩这个游戏，但是经常手忙脚乱，还会被同伴说："太慢啦！不对，不是我！"导致小白产生了挫败感，对游戏的继续进行和自信心产生了负面影响。由此可知，工作记忆也是孩子需要加强的技能，而这个技能也可以通过区角游戏计划去不断提升。

（三）制订区角游戏计划的先备技能

制订区角游戏计划并不是一件触手可及的事，需要孩子掌握以下先备技能，才可有利于进一步制订区角游戏计划。

1. 遵守常规

区角游戏各有各的功能，当孩子选择了其中一个游戏，就需要在该游戏区保持一定的时间，不能随意跑开。若孩子的安坐、自我管理能力较弱，无法遵守基础常规，则在制订游戏计划时就会显得尤为困难。

2. 理解游戏的大致目标

计划是为了让孩子更好地完成游戏过程，而游戏目标的理解则是更基础的内容。如果孩子不理解游戏的目标，就会让计划缺失目的性，让孩子更加无所适从。比如：孩子不理解在小餐厅游戏区当"小厨师"，是为了给顾客做好吃的食物，就会出现孩子做出了"食物"，不愿意给"小顾客"，只是自己独享，这样就会让游戏更加无法进行下去，也会影响当时的游戏秩序。

3. 不排斥游戏

制订区角游戏计划，需要一定的流程、步骤，按步进行。当孩子对游戏排斥、不愿意接近时，若老师再教导孩子尝试利用计划来组织游戏，孩子会觉得老师是在给游戏设限，就会让孩子更加拒绝玩游戏。因此，孩子不抗拒游戏，愿意接受走近教室里的区角活动，是孩子制订区角游戏计划的基础之一。

4. 理解基础符号

在融合教育的实践中，视觉提示材料是使用频率很高的一种方法，是除了语言提示、肢体辅助外更有助于孩子进一步理解游戏的一种方法。在视觉提示材料中，有很多类似于箭头、图标等基础符号，如果孩子能理解，则对孩子掌握计划的顺序、进程是有提示作用的。因此，理解基础符号，也是孩子制订游戏计划的先备技能之一。

三、提升儿童的区角游戏能力

在《游戏力》一书中，作者劳伦斯·科恩如此阐述：游戏，是亲子沟通的"双向翻译机"[①]。同时，游戏也是孩子和同伴社交、发展认知的桥梁。

---

① 劳伦斯·科恩著；李岩译. 游戏力：笑声，激活孩子天性中的合作与勇气[M]. 北京：中信出版社，2018.07.

孩子在幼儿园除了学习生活自理,最重要的一项活动就是游戏。当孩子学会了玩游戏,并感受游戏带来的乐趣,那么,就能使孩子在幼儿园里的生活更加丰富多彩。

然而,很多老师会为此而担忧。因为有特殊教育需要的孩子(也就是"小白")很多时候不能很好地享受游戏的乐趣,面对老师在教室里精心设置的各种环创、不同的游戏场景,小白不是熟视无睹、不感兴趣,就是不理解游戏规则,容易和同伴起争执,或是有自己的一套准则,无法融入恰当的游戏规则。为了帮助孩子能更好地学会玩游戏,本篇我们主要以幼儿园教室中的区角游戏为主,从社交游戏的六个阶段、游戏干预的三大原则、提升游戏能力的六大策略这三个层面帮助老师以恰当的方式支持孩子更好地玩游戏。

(一) 社交游戏的六个阶段

1. 无所事事

当儿童不主动去拿玩具、不知道要去游戏区角,自己玩或看同伴玩,只是在教室里随意走动,其中还伴随尖叫、大笑或触摸墙壁等自我刺激,那么就属于无所事事。

例1:对汉字敏感的小白着迷于看教室里的各种文字,但并不理解文字的内容。

例2:当小班的小白进去教室,对教室里的玩具、同伴的游戏都像没有看见一样,只是在教室里快速跑动——这样无所事事的行为,除了可能会给自己造成伤害:在触摸墙壁时,可能手会被不小心刮破;还可能会不小心撞到小朋友,引发不必要的安全问题。

2. 单独游戏

从字面意思上来看,单独游戏就是孩子独自一人玩游戏。当孩子开始对游戏、玩具感兴趣时,就会主动接触玩具,但孩子会在一个角落独自拿着玩具玩,而不和同伴坐在一起;或是在玩游戏时,不以恰当的方式玩,可能是拿着玩具蹭自己的脸等身体部位,以自我刺激的方式进行游戏;或是以刻板单一的方式游戏,如将杯中的玩具反复倒来倒去。这样的单独游戏是很多家长所特别担忧的,害怕孩子被孤立,也是老师在幼儿园中最常遇见的情况。

3. 旁观者游戏

旁观者游戏是指孩子会看其他小朋友玩游戏,其中没有交流、互动。孩子对游戏及玩具感兴趣,并不排斥看同伴。旁观的距离可能远,也可能比较近,但孩子只是看,不主动玩玩具。

4. 平行游戏

平行游戏是指孩子各玩各的游戏,所用的玩具和方式相近,但游戏内容没有关联。孩子有时会相互模仿,但不会支配别人的活动。平行游戏多出现在儿童学步后期和 3 岁左右。当孩子有意识去玩玩具、且不排斥和同伴在一起时,就会产生平行游戏。比如,在幼儿园的建构区,我们会看到孩子和同伴同时搭积木,但不会主动找同伴合作或交流;在娃娃家的游戏区域,孩子和同伴一起坐在餐桌旁,假装吃食物,过程中没有互动,仅仅是各自"享受美食"。

5. 联合游戏

联合游戏是指孩子和同伴一起做游戏,时常发生许多如借还玩具、短暂交谈的行为,但还没有建立共同目标与分工,仍以自己的兴趣为中心。与平行游戏不同的是,幼儿在联合游戏之间有了交流,但依然没有共同的游戏目标。联合游戏主要出现于 3—4 岁的儿童中间。

6. 合作游戏

合作游戏中有明确的分工、合作及规则意识,有一到两个游戏的领导者,孩子与同伴不仅有了交流,还能为了共同的目标分工协作。合作游戏主要出现在 4 岁或更大一些的儿童中。合作游戏是社会性发展水平最高的游戏种类。

【拓展阅读 6-1】儿童社会性游戏能力观察记录表

观察日期： 观察者：

场合：□幼儿园 □半日托 □社交小组课 □其他低结构时间

记录说明：

1. 具体描述发生的行为，少笼统性的用词

2. 客观描述，少主观性用词

3. 记录清楚行为发生的频率、次数

4. 行为发生时，标记时间段

进步说明：

1. 无所事事行为的频率和次数的降低——是进步

2. (除无所事事行为)条目事件的数量增加——是进步

3. (除无所事事行为)每个游戏的玩耍时间增加——是进步

4. 从左向右的行为越来越多——是进步

时段/区角	无所事事	单独游戏	旁观者行为	平行游戏	联合、合作游戏	行为问题记录
总结：						

（二）游戏干预的三大原则

在融合教育的工作中，我们发现有特殊教育需要的幼儿出现联合游戏、合作游戏的情况是最少的，其次是平行游戏。如何提升特需幼儿的游戏能力是很多特殊幼儿家长和老师非常关心的议题。在介绍提升儿童游戏能力的策略之前，我们先来阐述一下策略使用的原则，才能更高效地帮助到孩子。

1. 尊重儿童的兴趣

孩子的兴趣随感知觉和行为特点的不同会有很大差别。若孩子因

为口腔触觉刺激需求较多,会喜欢把玩具放在嘴里;或者孩子特别喜欢在娃娃家假装"炒菜",对其他游戏兴趣不大。面对这些情况,老师首先需要做到尊重孩子,应当顺应孩子的兴趣,从孩子喜欢的游戏开始,逐步加入其他的活动。

2. 遵守幼儿园常规

幼儿园的游戏、课程、活动设置都是相对固定的,因此班级老师与影子老师合作时需要互相配合,辅助孩子在园时需要遵守幼儿园常规。当幼儿园有一些临时的活动时,就会改变原先的安排。此时,影子老师更需跟随班级老师,关注孩子的游戏方式,及时辅助调整。

3. 保护儿童的权益

孩子在游戏过程中,难免产生各种冲突。即使在幼儿园,也会出现被孤立、被霸凌的情况,如:被同伴取笑、被同伴怀疑等。此时,老师必须要做到保护孩子的人格、权益,以保证孩子基本的生存品质,为适应小学做好准备。

（三）提升游戏能力的六大策略

下面,我们来探究一下在幼儿园中老师可以采用哪些辅助策略,帮助孩子学会玩游戏、提升游戏能力。

1. 堵不如疏

当孩子出现了"不同寻常"的游戏方式,我们要做的是顺应孩子的兴趣,逐步推进。当触觉弱敏的孩子喜欢舔玩具时,可以让孩子尝试进行"小餐厅"或娃娃家游戏,让孩子假装吃食物,满足他想要"舔食"的欲望。但老师需要注意的一点是,应把"食物"（玩具）放得稍微远一些,防止孩子直接吃到玩具。

再举个例子,若孩子只是喜欢玩"炒菜"游戏,老师就可以顺应孩子的兴趣,让孩子将自己"炒好的菜"放在餐桌上,让同伴有机会"品尝",或者可以鼓励孩子炒给老师们"吃"。班里的老师看到孩子有如此主动的行为，一定会很开心，会表扬孩子。班级老师的鼓励和正向支持，对孩子来说是十分重要的。这样特殊幼儿也能获得在融合环境中的存在感，从而提升融合品质。运用如上两种方式，可以有效拓展孩子的游戏范围，除了满足孩子自己的游戏欲望，更有利于进行同伴互动，增加了游戏的丰富度。

2. 视觉提示材料：时间进度条

这是一个非常简单但又有效的方法。时间进度条不仅适用于课堂的安坐问题，也能帮助孩子接触更多的游戏。比如，当孩子在教室里总是不停游走，不能在一个游戏环境里"安分"地看同伴玩或自己玩，老师可以使用"时间进度条"。具体操作为：根据孩子的实际情况，提前设定好一个恰当的进度条时间，当孩子只能在一处游戏环境里玩 3 分钟，那就可以 5 分钟为目标，将进度条划分为三个格子，前两个格子表示 2 分钟，最后一个是 5 分钟。逐步填涂相应格子。待孩子在一处游戏环境里保持 5 分钟，先以旁观者游戏开始。孩子若不会玩玩具，则可以观看同伴游戏为主，降低游戏难度。等到时间进度条填涂完毕，就可以允许孩子去其他地方游戏。利用可视化的时间进度，有助于帮助孩子自我掌控时间，加强自我管理。

我的时间我做主

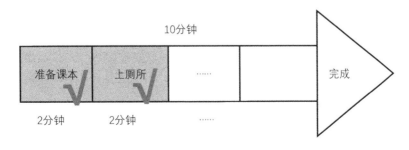

图 6-1　进度条的示例

3. 语言旁白

语言旁边策略的运用需要老师学会"戏精表演"（包括但不限于丰富甚至略夸张的语气、语调等）。当孩子在玩"公交车"游戏，假装当"小司机"但并没有转动"方向盘"，老师就可以在一旁轻轻唱《公车上的轮子》儿歌，烘托"气氛"，来提醒孩子可以转动"方向盘"。当孩子在小餐厅当"小厨师"，假装"烤面包""蒸包子"时，老师可以用稍夸张的语调夸赞孩子："哇！烤面包好香呀！真棒！"或者类似"包子熟啦！可以放在餐桌上！"这样语言上的正向支持，直接鼓励了孩子，让孩子更有动力继续游戏。

4. "融合小天使"的帮助

在融合情境中为有特殊教育需要的孩子提供支持的同伴被称为"融合小天使"，他们就像是天使一样，为特需幼儿的融合之路带来了一束温暖美好的光。对于幼儿园的特需幼儿来说，"融合小天使"的寻找和匹配是有困难的。因为普通幼儿的认知和辨别能力也尚未成熟，有时不能作为良好的同伴参照标准。此时，老师需要做到随机应变，根据同伴当时的状态，做恰当引导，帮助特需幼儿参照"融合小天使"的行为，或得到同伴的直接帮助。

比如，小雨最近几天很喜欢找小白玩，虽然小白尚不能和小雨互动，但当小雨来找小白玩时，老师会询问小白："要不要和小雨一起去××呢？"在小白表示同意后，老师会提醒小白跟着小雨走。在"小医院"游戏区，小白在尝试自己带听诊器，但尝试了几次没有成功。此时，老师会提醒坐在一旁的小雨，是否可以帮助小白带好听诊器呢？小雨听到了老师的建议，于是帮小白调整好听诊器的位置。在这个过程中，老师退居其次，而是让"融合小天使"参与小白的游戏，这对小白认识到同伴、增加和同伴的游戏互动，是有直接作用的。

5. "以物换物"

"以物换物"是一个很有意思的游戏方式,在普通孩子中也经常会发生。班级老师也会建议孩子,在想要玩其他小朋友的玩具时,可以使用交换的方法,得到自己想要玩的玩具。"以物换物"不仅有助于解决孩子随意拿同伴玩具的行为,而且能有效增加和同伴的言语互动。可以鼓励孩子采用固定句式"我用我的××换××"来进行"以物换物"。注:只要孩子的句长能有 10 个字左右,即可进行"交换"话术的练习。

6. 个别化干预

【导读】

在融合教育实践中,有很多幼儿园老师跟融合督导反馈:班里孩子多、老师少,老师非常忙,有时实在没办法顾得上每一个小朋友,对于班里的特需幼儿更是没办法及时给予支持。比如,陈老师就是一名公办幼儿园的老师,在一线工作十几年,她想就融合教育谈一谈自己的想法:"我自己的班上也有过几个有点特殊的孩子,有自闭症、发育迟缓、智力障碍、多动的,我很怜惜这些孩子和家长,我也很想给到他们尽可能多的支持,让他们更好地融合、成长,以后顺利进入普通小学。但现实是现在孩子人数多,一个班三十几个孩子,可老师就这么点人。有实习老师或者影子老师在时还好,我能有更多精力去把握整个融合生态,但如果他们不在,就我和另一个老师的话是很难面面俱到、事事及时的,更别说给特殊孩子提供一些个别化的支持。我们做幼儿园老师的心里也清楚,游戏是一个让幼儿成长的好方式,如果能基于游戏去给特殊孩子做些干预肯定会非常好,我自己也曾经报名参加过游戏干预、社交干预的培训,但我认为在幼儿园的区角游戏中很难去实施这种个别化的支持,真的顾不过来。所以一方面,我在跟融合督导沟通影子老师入校的事宜,另外有家长跟我提建议——是否可以在幼儿园开设融合个训课?让影子老师或康复师或特教老师给特殊孩子上抽离式的个训课?我觉得这或许是一个不错的思路,能让孩子在融合情境下加'buff',所以我之后也会去跟融合督导再进一步沟通看看。"

导读中的陈老师所言想必是很多一线老师们的心声,陈老师也跟我们分享了三个在幼儿园进行个别化干预的思路:幼儿园老师的专业支

持、影子老师入班、开设个训课。那么，在幼儿园里如何上个训课呢？幼儿园的个训课跟康复机构的个训课一样吗？当然不一样，幼儿园是真实的融合情境，幼儿园课程里有大量的内容会涉及游戏。

在这里，我们以两个案例为实例，介绍如何在一对一的情况下，提升孩子的游戏力。

【案例 1】 小白目前是幼儿园大班的孩子，在幼儿园里常玩面包店、小医院、坐车游戏。她的社交语言缺乏回合式，不知道两个人的对话是有轮流的，有时候会自说自话。她的游戏方式比较单一，会反复玩同一个游戏流程，若改变游戏模式，可能会有负面情绪。她还会遗漏一些游戏中的重要环节：如去面包店买面包，需要先去银行取钱，她常会忘记去"取钱"。

基于案例 1 小白的情况，个训课的课程应考虑以下三个方面：

（1）游戏内容要基于幼儿园生活经验。

在课堂中的游戏，需要与小白的生活经验相关，如以下几种游戏内容：

- 小医院：小白扮演医生，给老师看病。
- 娃娃屋：各自用积木为小动物搭建小屋，再相互串门，一起去买菜、水果，再回家一起吃。
- 和好朋友野餐：一起做准备食物、整理野餐箱、一起出发。
- 给好朋友过生日：去好朋友家，送生日礼物、做蛋糕、一起分享蛋糕。
- 买卖游戏：如开饮料店、水果店、小饭店，相互扮演顾客与老板。

在游戏设计中，以小白熟悉的游戏流程作为引入，在游戏中融入必要的元素，再随着小白的游戏熟练度，适当改变游戏的部分内容。

- 小医院：对打针、听心跳、贴退热贴、吃药这些环节，小白原先已经掌握。因此，再融入其他必要元素：救护车、住院。通过相应环境的创设，用椅子搭建救护车、病床、看相应真实照片，帮助孩子理解。

- 娃娃屋：用积木搭建小屋的造型可以适当改变：如搭建两层楼、有小门，需要小白根据老师的要求搭建。串门时，包括了敲门、打招呼、说明来意、等待、一起出门等相关元素。

- 野餐：小白能独立拿食物装箱。但需要做到的是，和老师轮流依次准备食物。在老师的提示下，小白可稍做等待。

- 过生日：用语言提示——手势提示的辅助逐步撤出的方式，辅助小白需要送好朋友准备好的礼物、轮流给蛋糕做装饰、相互分享对方想要吃的蛋糕。

- 买卖游戏：通过真实照片，让小白理解各种店里的必要元素：如店里有老板和顾客、饮料店里有各种饮料、水果店里有水果和秤、小饭店里有菜单、厨房、餐具等，吃饭或买了食物，需要付钱，可以用扫二维码或付现金的方式。首先老师扮演老板，做出示范，包括怎样做饮料？原料有 1—3 种；如何模拟"榨汁"？何时展示菜单？根据顾客在菜单上做的标注，了解顾客点了什么菜；何时需要让顾客付钱？其中有一个有趣的小细节。一开始老师展示的"榨汁机"是会"唱歌"的。即在模拟"榨汁"时可以哼歌，小白很喜欢这个游戏，在每次"榨汁"时都会唱歌。有一次老师在"榨汁"时没有唱歌，她就叫了出来，说："会唱歌的榨汁机！"我告诉小白："这个榨汁机快没电了，不能唱歌了。"缓解孩子着急的情绪。下节课还是玩这个游戏时，榨汁机依然没有唱歌，小白没有执意要按照之前的固定游戏模式，不管唱歌与否，游戏都可以进行。

(2)逐步调整游戏的难度及变式。

小白喜欢玩游戏，积极性一直比较高。尊重孩子的兴趣，游戏的难度及变式也是递进式增加，小白的游戏能力在密集型课程中不断进步，从而逐步增加游戏的轮回次数。

（3）嵌入社交语言训练。

在游戏中，社交语言以打招呼（主动及回应）、赞同对方的意见（句式：我也喜欢/觉得/想……）、邀请对方和自己一起活动（我们一起去买菜/野餐）、主动招呼顾客买水果/饮料（你要买……吗）为主。小白目前可以比较快速回应及主动打招呼，"我们一起……"的句式也运用地更熟练，但社交中的主动性仍需部分抛砖引玉式的引导，否则就会自说自话。

一般在游戏之后，用"对话小火车"，在每一节火车车厢玩具上都贴有一句游戏中的主要语句，前后车厢上的句子都是相关的。以此辅助小白理解：两个人的对话是轮流的，且一般不说无关话题，否则火车会脱轨，乘客会受伤。例如：

小青蛙：你好，小兔子。

小兔子：你好，小青蛙。

小青蛙：祝你生日快乐！我送你一个生日礼物！是一个皮卡丘。

小兔子：谢谢你小青蛙！我很喜欢皮卡丘。

小青蛙：不用谢。

小兔子：我们一起做生日蛋糕吧！

小青蛙：好的！

【案例 2】小白是一个小班的孩子，他有比较好的记忆力，可执行二步指令，能理解基本形状、颜色、简单、汉字等。但在玩游戏时，小白有以下几个问题：游戏内容比较单一，不能主动发起新的游戏；在游戏时，经常不经过同意，就随意拿同伴的玩具；以单独游戏、平行游戏为主，较少有联合及合作游戏。

为此，在个训课上，老师设计了如下几个策略，帮助小白更会玩游戏。

（1）用同伴照片，玩角色游戏。

由于小白在游戏中不能主动开启社交,关注同伴较少,因此,在个训课上,老师将同伴的照片摆放在桌子上,假装孩子和这些同伴一起玩游戏。互动内容以孩子欠缺的社交技能为主。包括:交换物品、关注同伴、给同伴分享玩具。比如:老师给出指令:"给每个小朋友一个盘子。""给小语一个土豆。""小金想要喝香蕉汁和草莓蛋糕!"通过如上指令,帮助小白明白在游戏中也需要和同伴互动。

(2)加入"交换"概念。

比如,老师会拿一个孩子喜欢的玩具,如"鸡腿",并提问小白:"是否想要吃鸡腿?"小白会说:"要。"此时,老师会使用语言提示和手势提示,提醒小白:"我用芒果换鸡腿。"并提示小白等待数秒。等老师同意后,再和老师交换玩具。如此,帮助小白减少随意拿同伴玩具的次数。

在经过数次个训课强化后,小白能在早上玩游戏的时候,主动说:"给××盘子!"虽然只是嘴里说,没有实际的行动,但也表示小白有了社交的初步意识。还有一次,小白能主动用水壶假装给同伴"倒水"。

(3)视觉提示材料。

小白对早上的游戏缺乏印象,知道大部分同伴的名字,但经常名字和人对不上,也无法回应同伴的社交邀请。因此,老师会利用对话泡泡,帮助孩子理解当时的游戏情形。对话泡泡包括同伴在当时的情形下所说的话和小白的回应。通过给孩子看该视觉提示材料,相当于提供了一个完整的"情景再现"。同时老师进行语言旁白,描述当时的游戏场景、正向支持孩子好的行为、帮助孩子理解游戏、增进同伴间的互动。这样小白可以在下次有类似情形时,努力尝试视觉提示材料上的语言表达方式。

同时,也可在把图片发给家长,提醒家长要给孩子回看图片。需要着重注意的是,家长也需做到:少问孩子问题、多进行语言旁白、多鼓励孩子尝试主动社交语言。

【家校合作加油站】家长如何在自然环境下提升孩子的区角游戏力？

幼儿园的区角游戏，其实就是一个微型社会。孩子们在教室的游戏中，感知他们所理解的小社会，并在老师的指引下，逐步学会社会常规。而家长要做的就是，及时和孩子一起回忆孩子在幼儿园所扮演、假想的游戏，并将游戏泛化到生活中，让孩子进一步加深游戏印象。

第一，复盘幼儿园活动。影子老师和班级老师给家长反馈当天孩子的活动、游戏状态时，家长就需要及时收集和孩子相关的照片，和孩子一起回顾当天所经历的事件。复盘的过程中，家长应运用以正向支持为导向的语言旁白，比如："我看到小白坐在餐桌旁边假装吃蛋糕，好好吃呀！""小白看着小朋友玩游戏，好认真呀！""小朋友在叫小白，想要和你一起玩呢。""小白可以说……"帮助孩子回忆游戏场景，巩固社交语言。

第二，贴近实际生活。这一步，就是希望家长能做生活中的有心人，从细节中带领孩子在真实社会里进一步感知游戏规则。如，小餐厅游戏是幼儿园中很常见的区角游戏。家长在带孩子去饭店吃饭时，不仅仅是让孩子用餐，更需要带领孩子一起探索饭店的主要组成部分。比如：有服务员、顾客、菜单、食物、餐桌、前台付款等元素，这些，就需要孩子能在提示下丰富相应认知，知道服务员的任务是什么？顾客可以做什么？我们在哪里吃饭？吃好饭需要付款等。若在嘈杂的自然环境里也能明确相应功能，则非常有利于孩子的幼儿园区角游戏。从复杂到简单，孩子会更好上手。再比如，当家长带孩子坐公交车时，就需要提示孩子看到司机是如何操作方向盘？乘客是如何上车买票的？是投币还是扫码？或是乘坐出租车时，乘客需要对司机说出目的地，司机方可开车行进。这都是区角游戏的泛化，家长需要格外重视。

社会是一所充满丰富知识的学校，孩子可以认识到很多规则，从而更加融入于幼儿园区角游戏，会更加得心应手。

四、游戏刻板

【案例】小白被确诊为 ASD（自闭谱系发展障碍），虽然已经大班了，但他的游戏方式还是跟中班一样，以前怎么玩现在还是怎么玩。有时候,老师会变更游戏规则,或者在游戏过程根据孩子的反应改变游戏道具,小白就会很崩溃,开始大喊大叫或者冲上去打老师。

小白游戏刻板的原因主要有以下几点:

(1)生理特质。大部分的特殊幼儿都存在持续进行某项活动的刻板行为特征。

(2)情绪敏感,安全感易缺失。自闭症儿童都更倾向于把握住事件的主控权,让一切事情都在意料之中,突然的变化会让孩子丧失安全感,认为事情开始脱离控制,因此不愿意改变。

(3)解决问题能力较差。孩子在生活中过分地追求某一规则,当规则变化后,孩子没有能力适应新的规则,同时也不知道自己应该如何面对这一问题。

(4)兴趣点狭窄。有些孩子痴迷于某些简单的游戏,除了感觉需求需要满足以外,游戏丰富度不够、感兴趣的东西不够多,都会使孩子更加痴迷于已掌握的游戏方式。

应对策略:

(1)提前预告可能会改变的事情,消除孩子对未知事件的恐惧。

(2)以孩子感兴趣的点为契机,逐渐增加游戏的多样性,教会孩子玩新游戏。

(3)日常生活中尽量在原则允许的范围内为孩子提供可以选择的机会,尽可能减少完全指令性的要求,逐渐让孩子意识到事情的多样性,让孩子愿意接受改变。

(4)在孩子学会并遵守某一规则后,老师可以做一些细微的改变,让孩子逐步适应,并慢慢过渡到做较大的改变。

五、小组游戏困难

【案例】小白独自在区角玩游戏时表现得还可以,但一到小组游戏(多人一起参与的游戏)他就不太配合,要么不听小组长指令,要么不愿意等待,导致班里没有小朋友愿意跟他搭档一起玩游戏。

原因分析:

(1)认知不足,逻辑不清晰。认知不够的孩子无法完成小组长给他分配的任务,或者不理解每个任务的意义,从而失去游戏兴趣。

(2)等待轮流等社交规则不明确。孩子不理解等待和轮流的规则,一直抢着玩,导致同伴对其产生厌烦的情绪,不愿意和他一起玩。

(3)听指令执行较弱。无法正确及时地理解并执行老师/领导者的指令,导致游戏无法继续。

应对策略:

(1)进行因果逻辑思维的训练。

(2)经常玩一些听指令的游戏,如《我说你做》游戏("老师说……你做……")

(3)在家庭游戏中掌握轮流和等待的规则。

六、不愿意参与户外运动游戏

【案例】小白粗大运动能力较弱,而户外运动游戏对于粗大运动能力要求较高,所以每次到了户外运动课,小白要么躲进洗手间不出来,要么就坐在操场边上独自玩,不愿意参与任何户外游戏项目。

原因分析:最主要的原因是孩子有畏难心理,害怕失败。

应对策略：

（1）降低游戏难度，并主动告诉孩子已经降低了难度，相信他是可以做到的。

（2）通过孩子以往成功的经历对其进行鼓励，以增强信心。

（3）对待孩子的失败可轻描淡写地略过，对待孩子的进步可夸张准确地进行表扬，以增强成功带来的愉悦感。

（4）向孩子输入坚持的概念，即使失败了，也要坚持完成，这样是很棒的行为。

（5）在家庭教育中，家长应该多鼓励孩子努力完成任务，不过分看重结果，重在孩子的参与或过程中的进步。同时在孩子成功或进步时及时给予鼓励，增强信心；在孩子失败时及时给予安慰，但不要批评孩子，给孩子造成较强的心理负担。

具体而言，最初，老师可以先进行简单的游戏示范，突出该游戏好玩、简单的特点，同时在游戏中加入孩子感兴趣的内容。让孩子有信心、有兴趣，同时认为自己有能力完成。若孩子仍存在胆怯的现象，则可根据其日常表现进行夸奖，如："上次你自己……了，这次的更简单，你来试试吧！"一段时间后，可逐渐提高任务难度及任务量，并对之前孩子的失败结果适当的忽略，对之前的成功结果进行夸张准确的夸赞，积累成功体验。最后，在孩子能比较容易地尝试新的任务或者更难的任务时，老师可以逐步输入坚持的概念，引导孩子理解失败也没关系，应该要坚持完成任务。

七、无法等待，要第一个玩游戏

【案例】小白对自己想要参加的游戏总想要第一个参加，如果老师没有第一个点名小白，小白则会一边走过去一边喊"我要玩"，如果老师让小白回去等待,小白则会通过赖地的方式来表达自己的情绪。如,在建构室玩建构游戏时,老师会请小朋友们轮流进入游戏区,每个小组在规定的区域进行建构游戏,这时小白想要第一个去玩,老师提醒小白等待后,小白还是迫不及待要去玩游戏,从而扰乱班级活动,其他同伴会用不理解的眼神看向小白,进入游戏后也很少主动与小白互动。

原因分析:规则意识不强,不知道玩游戏的常规;轮流等待能力弱。

应对策略:

(1)提高小白的规则意识。首先老师提高小白的规则意识,体现教师权威。如"老师说可以去玩才能去玩""先等待才能去玩""没有等待就不能去玩或者减少玩的时间",让小白知道要听老师的话,如果不听将会承担不能玩或者玩的时间变短的后果。那么当小白做到等待时,立即告诉小白:"因为小白能够等待,所以小白可以去玩",强化小白的等待行为,这样,小白就能够逐渐做到等待老师的指令。(注意:前期,当小白做到等待后,老师需要立即对小白进行强化,让小白知道"原来我只要等一会儿就可以去玩了",如果老师没有立即强化,小白可能就会认为是"不能玩",等到后期,小白的等待能力越来越好时,再逐渐增加小白等待的时长。)

(2)提高轮流等待的能力。可以通过一些轮流等待的小游戏来进一步对小白进行训练。如在建构室搭积木时,引导小白和老师、或小白和同伴轮流搭积木"我搭一个,我也搭一个",规则即一人搭一个,另一个人搭时,要先等待。也可以玩"萝卜蹲"游戏,既能够训练轮流等待,还可以训练小白的注意力。

八、破坏他人的玩具或游戏

【案例】小白是一个幼儿园小班的孩子,对于教室里的玩具很有兴趣,有时看到其他小朋友玩玩具会抢过来自己玩。小白还特别喜欢做一件事情：当看到其他小朋友在玩积木且把积木搭得很高时，他就会以很快的速度去推倒积木，并且同时说"倒了……"，甚至还会表现出期待的神情。

原因分析：

（1）寻求手部刺激。很多孩子拿走别人的玩具，其实是在寻求手部的刺激，比如小白很喜欢彩虹按按乐玩具，看到小朋友正在玩，小白会伸手去拿过来或抢过来，也不让其他小朋友一起玩，并且急切地想要将每一个都按下去，玩具的触感、纹路、按下去的手感、按压的数量等都让孩子的手部刺激得到了满足。

（2）寻求心理上的快感。满足了手部刺激之后，孩子的心理上会得到快感，孩子会觉得我心里舒服了。比如在玩建构游戏时，孩子很喜欢将搭好的积木瞬间推倒，积木倒塌带来的声音上和视觉上的刺激会让孩子感到很爽。在幼儿园阶段，其实很多孩子都喜欢像这样将积木推倒，普通孩子也会去破坏别人搭好的积木，但在老师提醒之后，普通孩子会有所控制，小白则不管这么多，他会频繁地将别人的积木推倒，也不会向同伴道歉或者将积木重新搭好，从而招来同伴的告状和老师的批评。

（3）故意行为。还有一些小白是故意去破坏别人的玩具和游戏，小白看到别人气急败坏、放声大哭的样子会非常地开心，并且是别人越生气他越开心，别人哭得越大声他越开心。

（4）缺乏同理心。别人还在玩的时候拿走别人的玩具、将别人正在搭的积木推倒、故意破坏别人的玩具和游戏让别人不开心，这些也是小白缺乏同理心的表现。孩子感受不到同伴因为玩具和游戏被破坏后的情绪，只是为了满足自己的生理、心理需求才这么做，这是以自我为中心的表现。

（5）缺乏社交礼仪。破坏他人的玩具和游戏是一种不礼貌的行为，可能是由于孩子缺乏社交礼仪，孩子不知道"当我想加入同伴的游戏时可以怎么做""当我想和同伴交换玩具时可以怎么做""当我想玩别人手里的玩具时可以怎么做"等，缺乏社交礼仪，在游戏时就与可能会出现孩子争抢玩具的现象。

（6）语言表达能力欠缺。社交礼仪需要孩子具备一定的语言表达能力，孩子想加入同伴的游戏时要学会说"我可以和你一起玩吗"；孩子想和同伴交换玩具时要学会说"我可以和你交换玩具吗"；孩子想玩别人手里的玩具时要学会说"可以让我玩一会儿吗"等等。如果孩子不具备这样的表达能力，那就有可能会出现直接拿走别人的玩具的行为，从而破坏了他人的游戏。

（7）不理解游戏规则。破坏他人的玩具或游戏也可能是因为孩子不理解游戏规则。常见的游戏规则会涉及轮流、等待、合作等，有一些小白的性子很急，玩游戏时不能等待，总想要第一个玩或一直玩同一个玩具和游戏，不愿意和别人交换玩具，也不愿意和别人一起玩，这样就会影响同伴的游戏体验。

应对策略：

（1）教师的示范、旁白。当小白在游戏过程中出现想要破坏别人的玩具和游戏的预兆时，老师可以给小白进行正确的示范，告诉小白可以怎么做，比如教小白询问同伴"我可以和你一起玩吗"，这时小白就能够在得到提示之后也说出"我可以和你一起玩吗"。在小白破坏了他人的玩具和游戏之后，老师也可以进行语言上的示范，如"对不起"加上肢体上的示范——将同伴的玩具还给同伴或恢复原样等。在自然情景中的教学是最具体、生动的。小白在出现问题时，老师可以立马给小白提供支持，告诉小白怎么做，提高小白的社交技能。

（2）提高孩子的游戏能力。我们常常强调"堵不如疏"，相较于阻止孩子去破坏别人的玩具和游戏，不如教孩子怎么去玩玩具和玩游戏，这就需要提高孩子的游戏能力。还是以搭积木为例，孩子喜欢将积木推倒,那我们就可以设计将积木推倒的游戏,但在此之前,需要孩子遵守一定的游戏规则,如轮流、等待、模仿、合作等,孩子遵守游戏规则之后,就能够将积木推倒,这样不仅满足了孩子的生理、心理上的需求,还能帮助孩子理解游戏规则。

游戏示例:《搭高楼》

游戏步骤:

一人拿一块积木并说"我拿一个""我也拿一个"。

一人搭一块积木并说"我搭一个""我也搭一个"。

数高楼(高楼搭好了,数数有几层)。

吹高楼(大风来了,呼～将高楼吹倒)。

(3)视觉材料。

视觉材料一:《行为结果导图》。

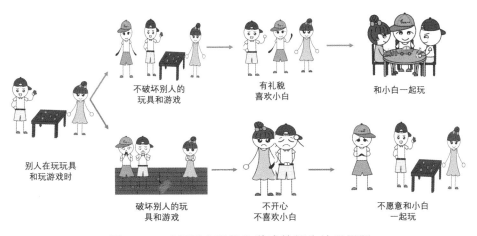

图 6-2　破坏别人玩具和游戏的行为结果导图

视觉材料二：《我的游戏钥匙圈》。

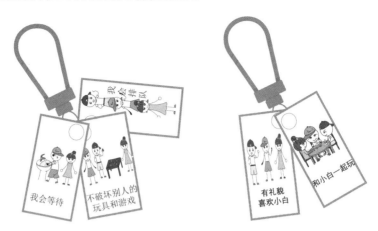

图 6－3　我的游戏钥匙圈

第七部分

社交篇——建立良性的社交思维模式

一、帮助孩子找朋友

对于特需幼儿的家长而言，他们通常会希望孩子可以适应幼儿园环境、不打扰他人、尽可能学到新知识，而对于孩子是否能找到朋友，不是他们首要考虑的。而在幼儿园老师看来，好朋友的能量是无穷的，尤其是有特殊教育需要的孩子，成长道路上更需要朋友的辅助和照顾，才能更好地进步。

美国儿科学会指出："交朋友是童年中期最重要的使命之一——一种将贯穿他们一生的社交技能。"①友谊带给孩子的不仅仅是社交技能的发展，让孩子学习如何与他人交流和分享，一段好的友谊还能够帮助孩子学会控制自己的情绪和表达自己的感受，建立自信感和认同感。这样的感受，不管是对有特殊教育需要的孩子还是典型发育的孩子来说，都是必要的。我们需要把选择并拥有好朋友作为必修课，来帮助孩子适应并融入幼儿园环境。

孩子在哪些地方需要好朋友呢？比如，户外活动时有合作、平行游戏，孩子可以和好朋友搭档一起玩游戏；出现困难时，好朋友会帮助孩子渡过难关。但如果没有好朋友，孩子就有可能会被他人排挤、独自一人自娱自乐，失去社交、进步的机会。因此，好朋友的重要性不言而喻。

本篇将主要从以下两个层面来给梳理相关概念，主要包括孩子需要好朋友的原因和孩子选择好朋友的标准。

---

① 资料来源：https://mp.weixin.qq.com/s?__biz＝MzAxMTAwMzEyNw＝＝&mid＝2650433389&idx＝1&sn＝d1a00c1df3ec1ed6d8768f58bb827134&chksm＝834972f5b43efbe3f78370271a5c5d0a251d5862e12fc8a2e2f5a8bc1e767f987a11de4eaf1c&scene＝27.

（一）需要好朋友的原因

1. 提升在幼儿园的体验感

有的孩子在幼儿园并不快乐，常常想要回家，觉得幼儿园很无聊，没有好玩的事物。如果孩子出现这种情况，就表示孩子在融合环境的体验感并不好，直接影响到孩子的融合品质。而有了好朋友，就可以从多种维度提升孩子的体验感。比如：幸福感——在校门口看到了喜欢、熟悉的同学，和家长的分离焦虑就会少一些，让孩子产生对同伴的亲切感，进而增进幼儿园融合；成就感——体现在孩子在玩游戏时，如果有好朋友的帮助，就能提高成功的概率，从而提高玩游戏的成就感，提升孩子进一步游戏的信心，更愿意接触融合环境；安全感——即使在人生学堂的初期，在幼儿园，也会出现霸凌的情况，若有了朋友，孩子就会得到帮助，减少被霸凌的概率。

家长和老师亦可参考本书第二部分（入园篇）进一步了解如何让孩子不排斥幼儿园，通过好朋友的帮助，就能更好地提升体验感。

2. 培养自信

很多时候，孩子都会"趋利避害"，选择做自己熟悉的、能掌握的事情，而避开有难度的事情。当孩子因为能力不够，老师又要求孩子去完成、但孩子又得不到合适的辅助时，孩子就很可能会产生"习得性无助"，这让孩子更加不愿意接触游戏或者活动，影响了信心的养成。比如下边这两个案例：小白因为不会搭积木而且觉得自己搭得没有其他小朋友好、得不到老师的表扬而觉得积木不好玩，从而不愿意去接触积木这一玩具；小美因为不会画画，只是对蜡笔感兴趣，导致其在下一次画画活动时，避开这一活动，继续玩蜡笔。从以上两个案例中可以看到，孩子在玩积木、画画这两个活动中缺乏能力、缺少自信，无法"迎难而上"，而如果有好朋友，就能帮助孩子一起搭积木、画画，提升活动时的自信，减少挫败感。

【案例】小白在尝试戴听诊器，但不知道如何戴，多次试过还是不行后很受挫，想要放弃，旁边的好朋友（小雨）看到了，就帮助小白戴好了听诊器，小白就能继续玩医生游戏了。由此可以看到，好朋友从孩子的幼年时代就开始起到了推动作用。

3. 良好社交的结晶

社交的起点是眼神关注同伴，看到了同伴，有了旁观者游戏，方可逐步发展进一步的社交，如平行游戏、联合游戏、合作游戏。在幼儿园阶段，孩子主要通过游戏这一活动结交好朋友。因此，好朋友是良好社交发展的结晶，足以见证孩子可以得到高质量社交。

4. 提升学习新生事物的能力

好朋友作为"小老师"，可以在合适的时机帮助孩子在融合环境下学习新能力并保持较好的状态。比如：在上课时，好朋友坐在孩子旁边，有时可以提点孩子保持较好的坐姿；在户外活动时，有时可以拉住、阻止想要跑出活动范围的孩子；在进行学习活动时，也能适当提醒孩子该如何完成涂色、连线等小任务。这些，都体现了"好朋友"的重要意义。

（二）找朋友的标准

1. 外表

虽然我们常说"不要以貌取人"，但现实中，孩子有可能就是"外貌协会"会员。但要说明一下，这里的外表/外貌不是简单意义上的"长相""颜值"，更多是衣着、挂件、整洁度等外在特征，比如有的孩子会选择和自己有着相似外貌特征（如：都穿了黄色的衣服、戴了橙色的帽子）的同龄伙伴作为好朋友，这样他们会感觉到亲切，更愿意去接触。

2. 性别

《0—12岁儿童社会性发展》提道："2岁时，女孩就开始喜欢和其他女孩一起玩；男孩要从3岁开始，表现出愿意和其他男孩一起玩的倾向，到 5 岁时,固定这样的倾向。女孩喜欢两个或少数在一起玩;男孩子喜欢更多孩子在一起玩。"①因此,性别也是孩子找朋友的标准之一。

3. 年龄

孩子大多会找同龄的同伴一起玩耍。如果自身能力暂时没有达到相应标准时,可能会找自己比小的孩子玩,因为这样能使自己获得成就感、感到放松,没有那么大的社交压力。

4. 兴趣爱好

这里指的是共同的兴趣、爱好。当孩子看到其他同伴在玩自己喜欢的、熟悉的游戏、玩具,大概率会观望,或者尝试也开始玩。这样,就相当于有了共同语言,有助于孩子之间培养友谊。比如下面两个案例:

【案例 1】在上课时,老师展示了两个动物玩偶,小白脱口而出说:"我喜欢小老虎!"这时,旁边也喜欢小老虎的小蓝听见了,看向小白,跟小白说:"你也喜欢呀! 我也是!"下课后,小蓝就主动找小白聊小老虎。

【案例 2】小红在画画,小白无意间看到了,恰巧小白也喜欢画画,也就拿着纸笔坐在旁边画画。这样就有了发展友谊的可能。

> 【讨论题】
> 　　请老师及各位家长朋友思考,根据儿童选择好朋友的标准,我们可以从哪些角度帮助孩子选择好朋友?

二、建立恰当的社交对话模式

儿童语言应用能力的高低会影响儿童沟通的质量,更会影响社交融合的品质。当儿童在自然社交场景中,具备了基础的对话语境,在包容

---

① 马乔里·J.科斯特尔尼克著;王晓波译. 0—12岁儿童社会性发展:理论与技巧(第8版)[M].北京:中国轻工业出版社,2018.02.

且接纳的融合环境维系得恰当的时候，儿童的沟通意图和对他人的关注就达到了基本目标。但实际情况是，很多孩子并不具备对话的能力，或者说对话的能力不足，这就导致孩子在自然的社交情境中很难与他人产生对话，因此也很难与他人维持良好的社交。

（一）社交对话的困境

我们每天都会与家人、同伴还有其他各种各样的人进行对话。早上起床会叫爸爸妈妈，和爸爸妈妈说"早上好"；到学校要和老师说"老师好"，上课时要回答老师的问题；和同伴玩游戏时，会询问"我可以和你交换玩具吗"；和朋友玩耍时，会和对方讨论喜欢的动画片……

有一些孩子，他会说话，也能说很多话，也能说长句子，但是在社交游戏场合的时候，总是不知道怎么开口。于是就出现了一言不合就"尖叫"、一言不合就"逃避对话"、在不恰当的时机开启对话、用不恰当的方式回应他人等各种情况。

还有一些孩子，他很少与他人进行对话，父母、老师想尽办法也"撬"不开他的嘴，或者对话的内容"牛头不对马嘴"，于是就出现了孩子不愿意与他人进行对话、孩子不会主动与他人进行对话、总是一个人自言自语、重复他人的问题等各种情况。

我们可以通过表 7-1 来检核一下孩子在社交对话中有没有存在不足的情况。

表 7-1　社交对话不足的情况

序号	内容	是	否
1	孩子会讲述幼儿园发生的事情		
2	孩子有主动和爸爸妈妈分享信息的意图		
3	孩子知道如何和亲密的人分享自己的喜怒哀乐		

序号	内容	是	否
4	在爸爸妈妈的"逼问"下，孩子只能简单、敷衍式地回答学校情况		
5	孩子总是讲别人的负面表现，不会看到他人进步的地方		
6	孩子讲述的内容简单、重复，提升空间很少		
7	孩子会启动新话题的讲述		
8	孩子会在不恰当的场景下开启对话		
9	孩子会在不恰当的时间下开启对话		
10	孩子会主动向他人发起对话		
11	孩子在与他人对话时常常重复他人的话		
12	孩子常常重复多次向别人说自己感兴趣的事物		
13	孩子在与他人对话回答不上来时，会产生情绪问题		
14	面对他人发起的对话，孩子会"视而不见"，忽视他人		

（二）社交对话所需的先备技能

表 7-1 中所呈现的对话不足，都不利于孩子与他人维持一个良好的社交，那么，建立恰当的社交对话模式，需要孩子具备哪些先备技能呢？

1. 主动对话的意图

主动对话的意图，即孩子有想要与他人对话的意愿。有与他人对话的意愿，才会与他人进行对话，如果孩子主动对话的意愿不强，需要提高孩子与他人对话的内在积极性。

2. 持续性地"对人的关注"

在对话的时候能够对他人保持关注，包括视觉注意、听觉注意、肢体动作等，这样能够让对方知道"我是被倾听的""对方一直在听我说话""我的内容被对方接收了"，这样才能够更好地维系对话。

3. 有逻辑、有组织的言语技能

对话时，要让对方听得懂你在说什么，怎么样能够让对方听懂，有逻辑、有组织的语言技能就非常重要。

4. 围绕主题的言语技能

社交对话往往是围绕主题进行的，若不能围绕同一个主题进行对话，而是自说自话或者跑题，则不利于对话的维系。

5. 表述感受时需要的词汇，尤其是高级心理词汇

社交对话中常常包含个人的感受表述，有时还会涉及高级心理词汇的表达或理解，比如表达生气不是只有"我生气了"，还会有"我现在气得要炸了"；表达开心不是只有"我好开心呀"，还有"我见到你特别开心，就像看见了彩虹"。

6. 满足对话所需要的社交基本句式

不同场景下的社交对话会有不同的社交基本句式，若能根据场景变化运用社交基本句式，能更好地进行持续性对话。比如，幼儿园游戏中的社交句式常有"我也喜欢/觉得/想……""我们一起玩……""你要买××吗？"，等等。

7. 和对话息息相关的非言语技能

社交对话不仅仅只需要言语技能，非言语技能也很重要。非言语技能指的是使用除言语符号以外的各种符号系统，包括肢体语言、面部表情、语音、语调、语气、空间利用以及沟通环境等。在社交对话中，信息的内容部分往往通过言语来表达，而非言语技能则作为提供解释内容的框架，来表达信息的相关部分。

8. 倾听的能力

在社交对话中，说与听是联结并维系对话进行的重要纽带。被倾听意味着被认可、被关注，意味着表达在对方身上得到了反应，实现了想法传递和情感表达的目的。如果不会倾听，只是一味"输出"，对话就没有

了"轮流",也就失去了对话的意义。

（三）帮助儿童建立对话的原则

1. 以孩子为中心

我们有时会看到老师在课堂上上课时,会拿着绘本、看似好玩的玩具,对孩子说:"看,书上的小猪要去干什么了呀?""这个啄木鸟玩具好好玩呀!""啄木鸟要吃什么颜色的虫子呀?"当老师绘声绘色、竭力让孩子回应时,却没有注意到其实孩子的注意力并没有在老师所引导的对象上,他的眼神或完全不看绘本、玩具,或只偶尔关注,不一会儿又转移了注意力。此时,老师希望孩子说话,但没有以孩子为中心,不以孩子感兴趣的物品为切入口,这样就会导致很难开启对话,并且即使可以建立起对话,也难以进一步维持继续——因为,孩子不感兴趣,就无法维系。

2. 对话内容难度适中

在这里我们分享两个案例,一个是家长如何做,一个是老师如何做。

【案例1】当小白出现情绪问题时,小白的爸爸会因为在户外或者公共场合,希望孩子尽快缓解情绪。但由于数次未成功,情绪也会略显急躁,会对孩子说:"你怎么这么闹! 不要吵了好不好!"我们理解家长当时的心情,感觉有些手足无措。但这样的问话,对孩子来说太难了! 因为孩子大多时候不能直面回答自己情绪出现波动的原因,也无法回答自己能不能保持安静,所以这时的家长自然就无法开启与孩子的对话。

【案例2】小白打开储物柜,想要玩储物柜最上层的积木,但是自己又拿不到,因此跑向老师,想要老师帮助自己拿积木。此时,老师对小白说:"你够不到呀? 是不是太高了? 那你要对老师说什么? 说出来了,我就帮你拿。"此时,我们可以看到,老师的问话中包括"够""高""什么"这些涉及认知的内容,如果孩子尚不能理解这些问话,老师就应当避免这些疑问,防止孩子因为对话难度过高而回避对话。

3. 对话内容次数适中

次数和对话内容的难度相类似。比如:

老师问孩子:"你们想要看哪本绘本?"

小朋友说:"《抱抱》。"

老师:"好的! 那看看,这封面上有哪些小动物呀?"

小朋友:"猴子。"

老师:"有几个猴子呀?"

小朋友:"两个。"

老师:"对呀! 两个猴子抱在了一起! 一个是猴子妈妈,另一个是……"

小朋友:"……"

此时小朋友的视觉注意力已全部集中到了绘本上,想开始翻阅绘本的内容。并没有注意到老师所说的话。由此,我们可以看到,老师与孩子的对话包括了过多话轮,孩子对前面的问话、对话尚可接受,但对最后一次对话已经无暇应对。因此,我们需要观察孩子的状态,是否能持续对话,还是需要暂停。

4. 细致观察动机的改变

除了刚才我们说到的要观察孩子的状态,还需仔细观察孩子的动机转变——这也是十分重要的。有时,老师一开始确实抓住了孩子感兴趣的点,从孩子的动机出发。但聊了几句后,孩子的注意力逐渐转移,从一开始有兴趣的玩具,转移到旁边的另外一个玩具上,这也是常见的现象。尤其是当孩子的持续视觉注意力较弱时,会多次出现这样的情况。这就需要老师保持敏锐的双眼,观察到孩子动机的不同。

(四)开启对话的策略:培养动机

对话的核心之一是动机的培养。孩子有了主动说话的动机,才能开启对话。那么如何培养孩子主动说话的动机呢?

1. 投其所好

"投其所好",即帮助儿童建立对话原则中的"以孩子为中心"。在这里,我们将更详细地展开阐述。比如:

如果孩子喜欢玩具,可以以孩子喜欢的玩具为切入点,聊或者玩相关的玩具。并且需要注意的是:孩子的身边最好有 2—3 个备用玩具。如果孩子对一开始的玩具不感兴趣了,老师就需要视情况,及时调整玩具。

如果孩子喜欢小火车,可以玩小火车玩具、扮演"小火车"、看小火车相关绘本……都可以拿来作为对话的主要内容。开启对话的语言可以是:"我想玩小火车!""我想跑起来!""我喜欢红色小火车。"

如果孩子喜欢运动,可以选择户外等场地较大的区域,让孩子有运动的空间。

2. 多使用选择性问句

这是非常有效的策略之一。注意,此处需要的先备技能是:孩子需理解"还是""或者"的意义。

可以拿出 2 个或 3 个孩子喜欢的玩具、物品,让孩子来选择。如:"小白想要小兔子还是小青蛙?"并以此进一步让孩子表达:"我想要××。"此外,也可让孩子主动表达邀请游戏,如:老师可以提问"我们一起玩小厨房还是面包机?"孩子可以选择其中一项进行回应:"我们一起玩××。"若孩子只是回答"小厨房"或"面包机",则需要语言旁白帮助孩子进行完整表达,加上前面的"我们一起"。

3. 使用非言语技能

这体现了老师是否足够"戏精"、是否能充满表现力、是否能足以吸引孩子的注意力。比如:上绘本课时,老师想让孩子模仿绘本中的主人公给自己分享糖果时,就可以用手势比画出"吃糖果"的夸张动作,以动作加上可能需要的语言提示,帮助孩子理解自己可以说的语言。

4. 刻意制造意外

在融合教育实践中，我们发现，当孩子玩游戏、处事很顺利时，就有可能会沉浸在自己的世界里，很少会主动发起话题。因此，我们需要在孩子的游戏过程中，加入适当的"意外"，给孩子创造互动的机会。如：玩拼图时，老师悄悄藏起一块拼图，让孩子参与寻找，同时，可以引导孩子向老师求助："请帮我找拼图。"

5. 必要的等待

有时，我们会看到有的老师对孩子十分关心，心态也比较着急，看到孩子想要说话，或者已经开始说了，就急着补充接下来需要说的话，担心孩子说不完整。其实，这样的辅助有些"过度"了。当孩子试图表达时，老师需要给予其适当的等待及独立思考时间。这样的等待、独立表达并不困难，待孩子没有完全说完整，老师再给予语言提示，这样是比较恰当的。如果孩子自己能把大致句意说清楚了，那是一件很有成就感的事情。

（五）维持对话的策略

1. 镜像对话

镜像对话是一种扩展仿说的对话形式。通过同一个事件，根据旁人的示范语句，更改其中的部分内容，来展开相同句式的对话。其目标是为了提升孩子拓展仿说的能力，从而得以维持至少一轮对话。比如，家长和孩子一起逛动物园，妈妈说："我看见了大狮子！"孩子就可以仿照妈妈，说："我看见了大老虎！"或者在幼儿园课堂中，老师问孩子们："喜欢吃什么水果？"其他小朋友回答："我喜欢吃苹果。"那么孩子也能模仿着说："我喜欢吃蓝莓。"如此，就能增加孩子参与对话的可能性。

2. 神奇的"我也……"句式

在镜像对话的基础上，这是一个同样很实用的策略，可以增加孩子对话的"素材"和概率。简而言之，这个策略就是根据同伴语言的句式，加一个"也"字,同时表达自己相同的情绪或感受。例如,当小白和同伴一起在幼儿园教室里的"小餐厅"游戏区,同伴说:"我喜欢吃蛋糕。"小白就可以模拟同伴的话,说:"我也喜欢吃蛋糕!"抑或当小白和同伴一起踢足球,同伴说:"我好开心呀!"小白也可以效仿同伴,说:"我也好开心!"

在使用这个策略之前,需要具备的先备技能是:句长至少五个字;有观察同伴的主动性。这样,拥有了一定量的句长和关注同伴的意识,方有能力采用"我也……"句式。

3. 个性"手账"DIY:增加语言丰富度、增强短时记忆

孩子的对话内容为什么干巴巴? 为什么在说了一轮话之后,孩子就难以回应? 这背后很大的一个原因是孩子没有一定的语言储备。如果没有充足的语言储存,就无法从"信息库"中抽取合适的"语言素材"应对问话。因此,我们需要让孩子在日常生活中积累素材,并以孩子可以理解、便于复习的形式呈现。而图文并茂的"手账",就能帮助孩子回忆之前所发生的事情。例如:

通过以上"手账版"视觉提示材料，孩子可以回忆到白天在幼儿园所上课程的主要内容及自己的情绪。那么，可以引发的对话可以是：

老师：今天天气真好。

孩子：我看到了太阳。

老师：早上陈老师给小朋友讲故事啦！故事里有……（有小熊吃冰激凌）

孩子：兔子吃蛋糕！

老师：吃了好多好吃的！小熊和兔子感觉很……？

孩子：很开心！

老师：你说得真棒！很完整！喜欢听陈老师讲故事的小朋友举手！

孩子：（举手）

老师：好！那我们一起说："我喜欢听陈老师讲故事。"

孩子：（仿说）我喜欢听陈老师讲故事。

这样的对话，通过非常可爱实用的"手账"就可以实现。"手账"的内容可以根据班级老师、影子老师的反馈来设定，图片可以是粘贴或者手绘，内容应由简到难、由少到多。对于视觉型的孩子，老师也可以建议家长在家中也尝试这样的方式。

4. 对话小火车、轮流转盘：一问一答

"对话小火车"，即在每一节火车车厢玩具上都贴有一句游戏中的主要语句，前后车厢上的句子都是相关的，目的是辅助孩子理解：两个人的对话是轮流的，且一般不说无关话题，否则火车会脱轨，乘客会受伤。

【案例】小白想玩公交车游戏，其中可能存在的对话如下所示。在使用"对话小火车"时，就把对话内容依次贴在小火车玩具上。

同伴（"小司机"）：你要去哪里？

小白：理发店。

同伴:开车啦!

……

同伴:到站啦!

小白:(下车)再见!

5. 代币和日程表

通过与很多家长、一线老师的沟通、深入讨论,我们发现有些孩子很愿意说话,很想要找旁人分享自己感兴趣的话题,而不管他人是不是喜欢、是不是想要和自己说话,只是在自顾自地找人分享,并且想得到回应。但这样的对话,对孩子来说并没有意义。他人不想和孩子互动,对话无法进行下去,反而会导致孩子不能得到同伴的欢迎。因此,让孩子知道什么是合适的对话时机是十分有必要的。

在这里,我们建议使用"代币+日程表",以视觉提示和奖励制度相结合的模式来帮助孩子知道,在哪些合适的时机可以说此类语言。

【案例】小白很喜欢和妈妈、甚至是公车上不认识的奶奶,说自己正在做的和之后要做的事情,会不管环境、时间,反复和妈妈说,而且期待妈妈的回应,这让妈妈感到有点烦恼。针对小雨这样的情况,可以尝试使用"代币+日程表"模式。利用图 7-1,规定小雨在吃早饭后、上幼小衔接前,及吃晚饭后、看绘本之前可以和妈妈交流想说的话,其他时间段不可以,并同时使用代币,若达成目标,则周末可以聊得更多一些,满足孩子的需求。

6. 提升听觉广度

在对话过程中,不仅需要语言表达能力,也需要良好的倾听能力。那么,就不得不提及"听觉广度"这一名词。当孩子能听到更多同伴或老师的语句,才能将听到的语句信息输入大脑进行加工。如果广度不足,就会导致孩子听不清、听不全、容易听错,进而不能很好地理解、表达。因此,老师们应了解孩子的语言能力,通过创造情境来延伸、引导对话,

《我的说话日历》

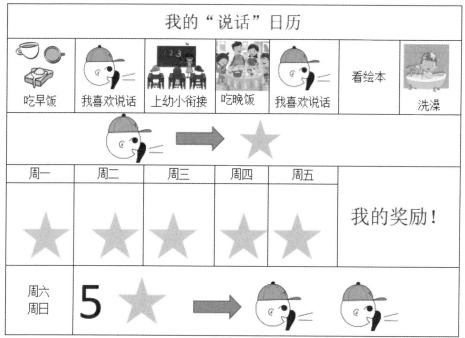

部分图片来源于 WPS

图 7-1 视觉材料《我的"说话"日历》

以问答的方式来增进孩子对话的能力，并且逐步扩大对话事件的范围和复杂程度，以此来提升孩子的听觉广度。

【注意事项】

1."仿说"策略如果运用不当，会导致孩子对该辅助的过分依赖——老师不给出仿说，孩子自己就不说。因此，老师不能只知道"仿说"教学策略，还要学会综合运用其他更有效、好玩的教学策略。

2."提问"的教学策略运用过多，会导致孩子排斥回答问题，或者不问不说，再或者孩子自己也会模仿不停地问问题，以为这是一种恰当的沟通方式。因此，老师要注意在日常的对话维持中，要多描述、少提问。

三、利用"动画片"助力儿童提升社交能力

从 20 世纪 70 年代开始,动画片就陪伴着一代又一代的人度过童年。在物质匮乏的时代,动画片丰富了当时儿童的精神世界。而当时代的车轮翻滚来到当下,繁杂的工作、生活的压力,让大部分刚刚养育孩子的家长难以有充足的时间陪伴孩子。此时,动画片也成了大部分孩子生活的"调节剂"。当孩子情绪不稳定,或者家长忙于家务,无暇照应孩子时,动画片就"大有用武之地"。对于幼儿园老师来说,动画片也成了很多课程设计的素材来源。

的确,如能充分、有智慧地善用,动画片其实是一个巨大的宝藏库,能帮助家长和老师给孩子提供非常多的"技能源泉"。本章我们就以社交主题为切入口,从看动画片的误区、如何挑选合适的动画片、运用动画片的原则、如何利用动画片提升社交技能这四个层面来运用好"动画片"的巨大能量。

(一)看动画片的误区

我们一起来看看孩子看动画片的时候,都会出现哪些问题? 先了解问题,再逐一攻破。

1. 看动画片时,只专注画面

动画片鲜艳明亮的颜色,会给孩子强烈的视觉冲击,孩子的眼球很快会被吸引。孩子看似聚精会神,但其实并不理解动画片所讲述的故事情节。若是家长询问孩子,孩子通常难以说出一个大概的故事。动画片的画面,并不能给孩子"补充能量",只是一种不得已而为之的"电子保姆"。

2. 只看同一情节的动画片

有时,孩子会只看其中一个情节的动画片,即使看了数十遍,还不过

瘾,还想反反复复地看。老师想要播放动画片的其他情节,孩子会非常不情愿。

【拓展阅读 7 - 1】 孩子只看同一片段的动画片,怎么办?

　　这是年幼儿童共同的心理特点,对儿童的发展至关重要。因为这个年龄的儿童虽然能够再认知,甚至能觉察和补充故事中遗漏的地方,但孩子的认知能力有限,因此只有在不断重复的过程中才能不断发现学习新的事物,我们认为"看腻""无聊"的重复画面,对孩子来说其实并不是简单的重复,每次都有新的感受和体会。所以,面对喜欢"重复"的孩子,我们除了可以用新鲜的事物吸引孩子,另一方面也要适当满足孩子的这种"重复"的需求。

　　孩子的各样能力就是在这样的亲身体验中学到的,他在感觉,在思索,在体验,这是最佳状态,千万不要突兀地阻止或者打断,建议先在一旁仔细观察:孩子到底要体验什么? 是视觉刺激? 模仿言语? 还是听觉刺激? 细致观察后,再给孩子有针对性的感知觉满足,或者可以通过演绎相关场景,爸爸妈妈/老师/同伴惟妙惟肖地说出台词、表演相关动作,以此使得孩子的注意力从电子产品转移到人身上。

---

3. "同理心"过强

　　有些孩子对于动画片中的某些情节十分"感同身受",产生很强的感情,从而会不由自主地随着故事情节而哭泣。即使他人加以安慰、解释,也无济于事。

【拓展阅读 7 - 2】 如何缓解"同理心"爆棚情况?

　　举例:孩子看到"着火"的场景,很害怕,会哭泣。

　　策略:

　　(1)和孩子一起画出动画片"着火"的场景:找到"哪里着火"的答案。

　　(2)看消防相关动画科普,告诉孩子:"着火"了不用怕,有消防员叔叔来救火。

　　(3)和孩子一起观察当下所处的环境:得出结论——很安全。

　　(4)若动画片最后的结局是"火"被扑灭,那可以提前和孩子说明情节,让他有心理准备。

---

4. 沉溺于动画片,不愿离开

这也是很常见的现象。当孩子自我管理、控制能力还没有达到一定程度时,就会出现难以离开"动画片"环境的情况。幼儿园班级老师关掉播放动画片的电子产品或者电视机,孩子就会有哭闹或其他不恰当的行为出现(扔物品、说出需求的音量过大)。因此,如何让孩子控制好情绪、顺利从动画片的环境中转移,也是需要解决的一个关键问题。

【拓展阅读 7-3】如何解决沉溺于动画片"无法自拔"?

- I message 策略:我相信××可以平静、我喜欢××自己数 10 下,冷静下来,我喜欢××安静地去玩其他玩具。

- 转移注意力。

- 替代行为:手捂住自己的嘴巴;双手在自己的腿上轻轻按压、或手臂交叉,在给自己肢体压力的同时,能够缓解不开心的情绪。

5. 自言自语动画片的情节

若孩子的语言表达能有 5 个字以上的句长,有时我们会看到孩子会出现以下这样的情况:孩子独自一人安静地玩玩具时,突然开始念叨起动画片里的台词,并且说的台词和玩具本身并没有直接联系。这样的情况也会出现在其他融合环境中,如孩子正在上课,有时也会说一些看过的动画片情节。

(二)挑选合适动画片的三部曲

1. 难易适中

当下的动画片种类、主题繁多,建议根据孩子的实际能力,选择内容相对比较简单易懂的动画片。简单标准,可以体现为:①言语对话简单;②动画界面简洁干净;③故事结构重复;④内容容易记忆。比如《小猪佩奇》《巧虎来了》《海底小纵队》等。

2. 时长适中，利于注意力保持

过长的动画片容易对孩子的视力产生损伤，这是显而易见的。0—2岁是大脑深层发育时期，这个时期的婴幼儿正处于三维视觉的形成期，而电子产品的画面却是二维的，只有一个平面，不利于孩子大脑的发育。孩子看动画片时的注意力，属于被动注意力，并不有利于学习。孩子会因为动画片中每一秒都不同、转瞬即变的动画而影响到对单一事物的视觉关注能力。而孩子最需要发展的是主动注意力，主动关注同伴、老师，从而主动适应所在环境。

【拓展阅读 7-4】①

长期以来，美国儿科学会都建议 2 岁以内的孩子不要看视频（包括动画片）。美国儿科学会于 2016 年更新了儿童观看电子屏幕的时间建议，要点如下：

- 18 个月以下的孩子不要使用电子产品，其中和家人视频聊天除外。
- 18—24 个月的孩子，如果想引进电子产品，建议对其质量提前进行筛选和把控，最好大人能和孩子一起观看，以帮助他们了解所看的内容。
- 2—5 岁的孩子，每天观看电子屏幕的时间不超过 1 小时（这一点较之以前的建议反而更严格了，之前建议不超过 2 小时），并且保证每天有足够的"不插电"活动时间。

---

3. 故事情节贴近生活

儿童的认知直接决定孩子的理解能力。若动画片的故事情节过于复杂，包含某种脱离现实生活的故事，会让孩子已经可能受限的认知能力受到挑战，打击孩子观看的自信，不利于孩子的能力发展。因此，动画片的情节必须贴近日常生活。如：吃饭、郊游、幼儿园玩游戏、逛游乐园、过生日等孩子生活中常见的场景，若在动画片中也有所体现，那么这样的"动画时光"则是有意义的。

---

① 大 J. 跟美国幼儿园老师学早教［M］.北京：中国妇女出版社，2017.07：168.

（三）运用动画片的原则

1. 动画片不是"电子保姆"

当家长忙于家务，无暇照顾孩子时，若面前出现一个播放动画片的电子产品，家长马上会觉得"世界安静了"。动画片就像一个万能"保姆"，会让孩子不吵不闹、安安静静地端坐。但这样的方式只能在特殊紧急的情况下使用，一般情况下，我们不建议、不提倡家长使用这样的"简便做法"。这对于老师也是同样的要求，不能因为图动画片"简便万能"就在教室里使用或者随意将动画片作为奖励使用。动画片作为一个可教育素材，需要老师协同指导孩子观看，不可直接让孩子"独自欣赏"。否则是达不到其本身可以带来的优势。

2. 动画片不是"哄娃利器"

当孩子在情绪波动时，拿出孩子喜欢的动画片，大部分孩子都能逐渐平静，将注意力放在动画片上。但此时，老师正在走进一个误区，我们需要让动画片成为孩子好的行为出现后被使用的奖励，而不是为了让孩子安静而用动画片哄孩子。这样非但不能让孩子拥有自我管理，而且会产生一种条件反射：我不开心，就能有我喜欢的动画片。如此操作会出现恶性循环，反而会造成孩子的不恰当行为。

3. 在现实生活中可利用的动画片方是有用素材

孩子对喜欢的动画片桥段记忆犹新，从而会在生活中时常念出相关台词，但大多和现实生活并没有直接关系，只是孩子的自言自语。并且绝大多数情况下，孩子没有分享、尚不会合理交流，这样反而会影响孩子的社交语言、常规的遵守。所以，我们需要恰当的辅助、引导孩子模仿合适的动画片词句，充实日常生活词汇量。

（四）利用动画片提升社交技能的关键策略

1. 对话(想法)泡泡

利用画面简洁的动画片片段①进行截屏再加工,插入日常常用的对话或者想法泡泡,为孩子提供生活中可使用的社交语言。

---

① 注:为便于举例说明,示例图片中的人物形象出自《小猪佩奇》《可爱巧虎岛》等动画作品。

2. 角色扮演

采用故事情节简单、孩子又感兴趣的片段,老师、同伴可以和孩子进行角色扮演,演绎动画片里的故事。在扮演过程中,需注意以下要点:

- 为了充分利用孩子的动机,可以视情况加入一些卡通头饰、调整环境创设等。

- 与孩子的对话需指令简单,并多提示孩子说主动语言。包括:打招呼(如:你好、对不起、再见);邀请游戏(如:我想和你一起玩、我们一起搭积木吧);参与游戏(如:我拿××和你交换××)。

3. 四格漫画①

利用四格漫画的方式,可以帮助孩子梳理故事情节。视觉化的策略帮助孩子提升抽象的情感化的概念认知,同时也为幼小衔接、小学课程中的语文故事理解打下基础。

---

① 注:为便于举例说明,示例图片中的人物形象出自《小猪佩奇》等动画作品。

4. 情绪匹配、辨别

　　动画片配上人物形象小白，可进行情绪的匹配、辨别。动画片里可爱生的形象，也可增强孩子的主动学习动机。

　　5.故事情节发展排序

（猪爸爸开车送佩奇和乔治）

（佩奇一家到了幼儿园）

（很多小动物和乔治一起玩）

（猪爸爸接佩奇和乔治回家）

可以打印以上四幅图片①，然后打乱顺序，让孩子按照故事情节进行排序，并大致讲述故事。以此，可以训练孩子的看图理解、逻辑推理、语言表达等综合能力。

四、社交方式不适当

【案例】小白的语言能力（包括理解和表达）比较弱，没办法很好地用口语进行社交沟通。家里只有他一个孩子，没有同龄伙伴和他玩，所以他很喜欢去幼儿园，也很喜欢跟小朋友互动。但因为他口语受限，导致他喜欢去摸小朋友的脸和手，喜欢亲小朋友、用力抱住小朋友，或用力撞小朋友、捏小朋友脸蛋来进行互动。如果上课无聊了，他也会去摸、亲、捏、拍打身边的小朋友，小朋友去找老师"告状"，老师就会批评小白，小白觉得很委屈，因为他并没有意识到自己的社交方式是不适当的。

通过以上案例我们可以知道：即使孩子的语言能力（包括理解和表达）比较弱，他仍然有与同伴互动的社交需求，故而会通过不适当的肢体接触来与身边的小朋友进行互动。老师们可以试着用以下策略来应对：

---

① 注：为便于举例说明，示例图片中的人物形象出自《小猪佩奇》等动画作品。

1. 提高小白的社交能力

- 引导孩子学习社交圈(图 7 - 2)的内容。

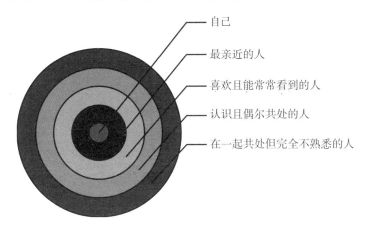

图 7 - 2　社交圈

- 引导孩子学习正确的肢体接触方式。

- 引导孩子正确表达喜欢或不喜欢。

- 行为复盘——老师引导孩子回忆发生了什么事情,孩子做了什么让同伴不舒服了。若孩子没有回忆出发生了什么事,老师可故意再演一遍,如故意很重地抱了抱孩子、用手捏了孩子、跑过来撞到了孩子等,同时输入"这样会很痛,小朋友会很伤心,就不愿意和你玩了。你可以轻轻地……"的信息。等一段时间,孩子能理解以上社交规则后,可增加正确社交距离的学习。最后,对学习内容进行泛化。

2. 同伴支持

- 找一个能力与小白差得不太多的小伙伴作为假想游戏等活动的同伴,提高孩子的愿意参与的兴趣。

- 找能力比小白好较多的小伙伴做"融合小天使",可以成为"小老师"的角色,"融合小天使"除了同理小白、主动向小白发起互动之外，老师还能逐渐引导其成为小白的"小榜样""正向行为的支持者"。

- 老师引导"融合小天使"跟小白说指令清晰、积极鼓励的话，如："小白，上课的时候手放在膝盖上""小白，你刚刚做得真棒""小白，排队时候眼睛看前面""小白，跟我这样做就对了"……
- 小伙伴不单是监督者，更重要的是行为的正向反馈者、提醒者和帮助者。

五、主动社交动机弱

【案例】小白 4 岁被诊断为 ASD（自闭谱系发展障碍），虽然有简单的言语表达技能，但多数是回应式言语、不擅长主动发起沟通。幼儿园老师反馈小白在园时常常一个人发呆、游离在集体之外，很少与小朋友互动。

原因分析：

（1）社交技巧不足。有时孩子想要加入同伴活动，但不知道如何发起请求或邀请他人，久而久之，孩子便拒绝和他人互动，独自游离在集体之外。

（2）认知水平较低。特殊幼儿因认知发展水平低于同龄孩子，所以对于同龄孩子进行的社交活动，特殊幼儿常常不能理解规则或不理解他们的行为，从而出现逃避行为，不愿意参与。

应对策略：

（1）根据学校教的内容在家里巩固，家长及时关注最近孩子班级里经常在玩的游戏，在家里可以教孩子玩，帮助孩子掌握游戏规则，为融入集体做准备。同时让其他孩子看到他的能力，从而愿意接纳他。

（2）学会主动发起简单的对话，学习简单的社交用语。如：我可以加入你们吗/我们一起玩吧/你们在玩什么……

六、和同伴抢玩具

很多幼儿园老师都反馈过孩子有和同伴抢玩具的行为,该行为背后会涉及不同的原因,如:不知道玩玩具的规则、不懂轮流或无法等待、玩具先被别的小朋友抢了但不懂向老师求助而是"以牙还牙"……对于不同的原因,其应对策略也不同。大致的应对思路如下:

- 学习规则:谁先拿到某一个玩具,谁就可以先玩一段时间。
- 学习轮流玩玩具,学会等待。
- 学会告状,或向老师寻求帮助。
- 学习在等待中转移注意力。刚开始的时候,可以引导孩子观察现在是谁在玩这个玩具,同时和双方商量几分钟以后换着玩。此时,孩子可能会走开不愿意等待,或者继续争抢。老师可以给孩子输入等待的概念,同时进行肢体辅助。或者孩子不愿意等待时,老师可以引导孩子发现其他的玩具,以转移注意力。一段时间后,孩子能够愿意等待一段时间了,这时老师要及时表扬并强化"等待了就可以玩玩具"的规则,促进其行为更加符合规则。最后,老师可以运用口头提示"等待××时间就可以来玩了",同时可采取计时器的方式让孩子自主等待。

此外,有的特需幼儿存在兴趣狭隘、刻板的情况,所以会执意要玩某一个特定的玩具,如果该玩具被别的小朋友先拿了,他可能会通过抢的方式拿回来。如果是这个原因,建议老师发掘玩具的更多游戏方式,并引导孩子进行游戏;尝试一点一点改变孩子的兴趣爱好;学习"先……再……"的概念,愿意接受"先玩自己不太喜欢的,再玩自己喜欢的"。

具体而言,最初,老师先在孩子的引导下和孩子一起玩某一玩具,同时慢慢改变其中很小的点或者在玩的过程中增加其他任务。如：玩 10 下玩具车吹一次泡泡。一段时间后，可逐渐增加其他任务的难度和时长，观察孩子的反馈，并根据反馈情况进行任务时间的调整。最后在孩子表现稳定时，可增加新的规则："先玩……再玩……"让孩子主动接受兴趣一般的游戏，同时老师引导孩子玩新游戏。

七、不会表达需求，不敢"争抢"

【案例导读】

小白爱玩的玩具是九连环。当小白看到有小朋友走过来也想要玩的时候，他会很紧张地护着玩具，不给对方玩的机会；碰到对方想抢夺玩具的时候，小白不懂如何表达拒绝或向老师表达求助需求，很多时候都会被别人直接抢走玩具。被抢走玩具后，他就会蹲在地上大哭。

（一）表达需求的三大要素

1. 表达对象

孩子需要知道在特定情境下应该向谁表达自己的需求，比如上课时孩子想要小便，那么需要向老师表达自己要小便的需求。

2. 表达内容

幼儿园的孩子大多是以简单、直白的语言向他人表达自己想要什么或不想要什么，最基本的句式是"我想要……""我不要……"。随着孩子语言能力的发展，表示"要"和"不要"的语言也更加丰富，例如"我可以玩……吗？""请不要拿我的东西。"

3. 表达方式

表达方式可以分为两类：言语表达和非言语表达。1 岁前的孩子，还不能说出有意义的词句表达自己的需求，更多的是用手指、用眼睛看、用肢体动作获得想要的东西或者拒绝做某事；而 1 岁以后，孩子更多以说的方式告诉别人自己想要什么或不想要什么。孩子在幼儿园与同伴相处的过程中，不可避免地会出现"你争我抢"的情况，如果孩子会以言语和非言语的方式正确表达自己的需求，那么孩子才更有机会获得大家竞争的物品。

（二）不会表达需求、不敢"争抢"的原因

第一，无法根据情景确定表达需求的对象而不敢"争抢"，也就是不知道向谁表达需求而不敢"争抢"。

第二，无法根据情景确定表达的内容而不敢"争抢"，也就是不知道说什么而不敢"争抢"。

第三，无法根据情景选择表达需求的方式而不敢"争抢"，也就是不知道怎么表达需求而不敢"争抢"。

第四，逃避、害怕向他人表达需求而不敢"争抢"，也就是不敢表达需求而不敢"争抢"。

第五，物质需求或精神需求不强烈，也就是不需要表达而不去"争抢"。

（三）应对策略

针对以上五个原因，我们结合案例一起探讨有哪些策略可以解决孩子不会表达需求、不敢"争抢"的问题。

【案例 1】不知道向谁表达需求而不敢"争抢"

小白在游戏时间玩碎冰玩具，小白的同学看见了也很想玩，于是跟小白说"我玩一下"便拿走了玩具，小白着急地左看看、右看看，嘴里说着"还给我，还给我"，但是他不知道要向拿走玩具的同学说"还给我"才有可能拿回玩具。

策略：

（1）辅助的使用。前期老师以语言提示或手势提示辅助孩子寻找物品，以此确定表达需求的对象，后期注意辅助的撤除。

（2）同伴支持。老师可以请班里喜欢小白的同学作为"融合小天使"，每次小白将自己的需求告知小天使，由"小天使"帮助小白满足需求，得到想要的东西。

【案例 2】不知道说什么而不敢"争抢"

户外运动课上，老师想要请几个同学一起玩投球游戏，小白很想玩，但是不知道要跟老师说什么，只是看着老师。过了一会儿，老师带着班里几个同学去玩游戏了，小白只能在旁边看着同学们玩游戏。

策略：

（1）辅助的使用。前期老师以语言提示为主，辅助孩子说出物品的名称或事件的名称或以简单的句式"我想要/不要……"表达自己的需求。之后降低辅助层级，以视觉提示为主。后期辅助逐渐撤除。

（2）视觉提示卡。

【案例 3】不知道怎么表达需求而不敢"争抢"

游戏时间，小白班级的老师带来了一些新的玩具，但玩具有限，因此老师要求先举手告诉老师想玩的同学才能得到新玩具。小白想玩老师新带来的火车玩具,但他不知道怎么让老师知道自己也想玩,最后只能看着其他小朋友将玩具拿完了。

策略:

(1)辅助的使用。对于没有言语能力的孩子,老师先用肢体辅助孩子学会以手指、伸手等方式表达自己的需求,之后逐渐降低辅助层级,最后逐渐撤除辅助。对于有言语表达能力的孩子,老师首先语言提示孩子表达需求,之后用视觉提示,最后撤除辅助。

- 初级版:手指一指、伸手等。
- 中级版:语言表达"我想要/我不要……"。
- 高级版:举手、点头/摇头+语言表达"我想要/我不要……"。

(2)视觉提示卡。

【案例4】不敢表达需求而不敢"争抢"

下课时,小白经常在一旁看着同班的同学玩跳房子的游戏,于是老师想让小白主动加入同学,小白摇着头说"不要"便跑走了,但之后依然会站在较远的地方看同学玩。有时候等同学走后,小白会自己玩跳房子游戏。

策略:

(1)代币制。以小白喜欢的物品(如贴纸)作为奖励,当小白主动向同学或老师表达"我想要……"1次,可涂1颗小星星。涂满5颗小星星可获得奖励贴纸一个。

我可以勇敢说出来	我的星星	我的奖励
我会说:"可以一起玩吗?"	☆ ☆ ☆ ☆ ☆	
我会说:"我想要_____。"		
我会说:"我不想_____。"		

(2)同伴支持。老师可引导周围的同学多鼓掌或用语言夸奖孩子。

【案例5】需求不强烈，不需要表达而不去"争抢"

小白平时很喜欢玩小汽车，但今天小汽车被同班的一个小朋友拿走了，小白看了一会儿，便拿起其他玩具自己玩了起来。在游戏课上也是如此，其实小白挺喜欢"抢椅子"游戏，但他从来不主动去抢椅子，所以每次在第一轮游戏时就被淘汰了。

策略：

（1）同伴支持。对于社交动机弱的孩子，在班级中，老师可以请孩子喜欢的同伴作为小天使，经常与孩子一起游戏，让孩子在游戏中获得同伴的帮助，体验与同伴游戏的乐趣。

（2）视觉辅助。可参考以下视觉材料《心愿存折》：

	编号：	20220202	出生年月：	2017.04
	姓名：	小白	兴趣爱好：	玩游戏
	性别：	男	开户日期：	20220202
	电话：	13000000001	开户单位：	妈妈/老师

注意事项：此存折为主动抢椅子次数记录本，开户人应妥善保管使用，不得转让、故意损毁。此存折遗失或被盗，应立即向签发单位报告，办理挂失。

开户人签名：_____（手印）

我的心愿：想要玩 iPad（平板电脑）半小时，需要 20 个奖章兑换。

【总结】

要解决孩子不会表达需求、不敢"争抢"的策略，我们可以从以下几点思考：

- 辅助形式要丰富。
- 同伴支持很重要。
- 社交故事来帮忙。
- 代币制贯穿始终。

【拓展阅读 7 - 5】孩子被别人抢玩具或者被别人拒绝一起玩，不知道如何用言语表达，会出现大叫的行为，怎么办？

Step 1：语言提示"不要抢我的"，并将玩具拿走

Step 2：强化——表扬孩子"用嘴巴说很厉害！

当玩具被抢了，我可以_____。

应对思路如下：

- 在孩子有需求的时候，要求孩子用言语或非言语方式进行表达。起初，可从仿说开始，如"老师，我想……""老师，帮我……"当孩子仿说或主动说出后，老师及时给予强化或奖励。
- 有时可以故意延迟满足孩子，在满足其需求的过程中设置阻碍，以增加其表达机会。

- 和孩子玩游戏时故意耍赖，同时输入类似"××耍赖了，你可以怎么说"的引导语及答案，教孩子学习告状。
- 学习合理"争抢"。起初，老师可在争抢行为发生时提示并引导孩子观察现在发生了什么，同时可以描述整个事件，如：A 抢了 B 的××，B 很伤心，A 这样做是错的。一段时间后，可以提示孩子观察发生的事，并进行提问，考查孩子是否关注到这个争抢事件。最后，可在游戏中故意争抢孩子的玩具或材料，观察孩子的反应，必要时提示"有人抢你东西时你可以做……"在不断的游戏过程中进行强化与泛化。

八、不会等待

【案例】游戏前，老师会从储物柜里拿出游戏所需的材料，每到这时候，小白就会按捺不住，冲到老师面前把材料抢走。此外，小白在玩游戏的过程中也很心急，往往老师的要求还没说完他就开始玩。

这类行为出现的原因大致为小白对游戏材料很感兴趣，想要尽快进行探索。因此需要老师引导孩子理解"只有耐心等待才可以玩游戏"的规则。同时，老师还需引导孩子遇事要冷静、耐心，教授其恢复冷静的方法，如深呼吸、闭眼数数等。

最开始，教师可在上课时控制材料分发的数量和速度，尽可能减少孩子等待的时间，同时输入"××在耐心等待，老师先给××发"的概念。等待的练习时间从 30 秒—1 分钟开始，孩子完成任务后，立马给予表扬奖励。经过一段时间的训练，孩子能等待大致 5—10 分钟左右，与此同时，老师可向孩子输入着急时的解决策略——冷静。冷静的方法为：深呼吸、闭眼数数，以期提高孩子的问题解决能力。

在家庭生活中，家长可根据老师教授的等待练习进行强化训练，提高训练效率;同时改变以往有求必应的教育方式,树立正确的等待规则。

【家校合作加油站】家长如何支持孩子学会等待?

　　我是小白的妈妈,幼儿园老师多次跟我反馈我家孩子性子有点急,在幼儿园排队时经常等不了。虽然孩子还小,但我觉得等待技能是非常重要的,所以我觉得有必要在学校以外的地方也多锻炼孩子的等待能力。比如,我带小白去外面游玩遇到需要排队时,我就会有意识地跟他解释:"我们现在在排队,你看前面后面都有很多人,我们要排好,耐心点,不着急,前面那个穿红色马甲姐姐在的地方就是游戏入口处,等排到那里就轮到我们玩游戏了。"有时我也不能确定他懂不懂我所说的,但是我一直坚持这么做,然后慢慢地我发现,在外面任何需要耐心排队的地方他都不曾出状况,后来去幼儿园晨检排队、上厕所排队、排队去户外上课等也能独立完成了。所以我觉得作为家长,不能把所有的事情都推给幼儿园老师去管,有的事情其实在我们与孩子的日常相处中多用点心就能做好。

　　而且经过这件事,我也进行了反思,我觉得小白的性子急可能跟我也有关系,因为我有时候也不想等,或者等着等着就不耐烦了,就会有点急躁,孩子可能会模仿我的行为。孩子是我的一面镜子,他的行为某种程度上是我的缩影,所以为了孩子的成长,我也要好好"修炼"自身。

【拓展阅读 7 - 6】社交故事《玩游戏时如何遵守规则》①

当老师带着我和其他小朋友玩游戏的时候,我可以试着听从老师的指挥。	

玩游戏的时候可能会玩得很好,也可能会出现不小心做错的情况,这是很正常的。

---

①　社交故事插图来自网络:https://image.baidu.com/教师们在具体实际中可以根据幼儿的情况进行替换。

（续表）

当别的小朋友玩游戏做错时,我会试着听一听老师的看法。	
当我不小心做错的时候,我可以试着跟大家说"对不起",并且告诉自己"下次再努力"。	
这样老师会觉得我有礼貌,小朋友们也会喜欢和我一起玩。	

九、故意破坏自己的成果

【案例】小白的手部精细能力比较弱,所以在建构区玩搭积木游戏时,其他小朋友能搭出很高很好看的造型,得到同伴和老师的表扬,而小白每次只能搭出两层楼房,没有什么人会关注到他,所以有时候他就会故意破坏自己的成果,当同伴或老师都看向他或者问他"你干吗"时,他就会开心得哈哈大笑。

案例中的小白主要是想通过故意破坏自己的成果来引起关注。老师的应对策略如下:

- 引导孩子用正确的行为来引起关注。输入"破坏成果会让别人很伤心,所以不可以破坏成果"的概念。刚开始的时候,老师可以忽略孩子这种寻求关注的方式,并告诉孩子怎样做老师才会关注他。然后老师可以以肢体辅助的方式帮助其完成游戏任务,任务完成后可立即给予表扬。接下来,老师可向孩子提出其他的正向行为的要求,并引导其努力做到。

- 学习夸奖他人,而不是贬低他人。刚开始,老师输入夸奖人的具体话术,并让孩子模仿。夸奖的内容从表象到内在,词语从少到多,从简单到复杂。一段时间后,可要求孩子夸奖别人,如回家夸夸妈妈今天哪里好看? 妈妈做的晚餐哪里棒了? 自己今天哪里棒了? 最后将夸奖对象泛化到班级同学、老师及其他有交流的人。

- 提高手部精细能力。这点在幼儿园常规课堂中比较难实现,建议在个训课以及家校合作中进行。

十、求助困难

【案例】小白语言表达能力较弱,加上长期受挫和习惯了被家长包办,所以当小白在幼儿园遇到问题需要帮助时,他想到的是逃避而不是主动求助,这一点让幼儿园老师很忧心,不知道怎么帮助小白学会求助。

老师通过评估发现,小白求助困难的原因主要有两点:

(1) 语言表达能力较弱,不知如何求助。一开始孩子是有想要求助的欲望,但不知道该如何表达求助,所以逐步形成了不求助的习惯。

(2) 问题解决能力较弱,以逃避为主。长期的受挫加上家长的养育方式过于包办,孩子一旦遇到问题,首先想到的就是逃避,因此不会向外界求助。

应对策略:

(1) 鼓励孩子尝试,并及时给予肯定,形成愿意求助的性格。

(2) 可通过游戏教会孩子如何求助,什么情况下要求助。

(3) 故意设置不同难度(由易到难)的障碍给孩子,在自然情境下引导孩子求助。

（4）通过家校合作，让家长意识到过于包办的育儿对孩子的成长并不利，在家中可以适当引导孩子独立解决问题。

十一、幼儿园防霸凌知多少

幼儿园的孩子由于对社交认知的不成熟，有时会出现"被欺负"或者"欺负"别人的情况。尤其是当孩子处于相对弱势的情况，或者班级老师要管理较多事宜、无暇周全照顾孩子的情况下，孩子若被无意或有意"欺负"，就有可能会对稚嫩的心灵造成负面影响。被霸凌的孩子有时会感到无措，不知该如何处理。更让人疼惜的是，孩子更多时候不知道自己被霸凌了，这样会让自己持续处于被霸凌的状态。

这是我们在融合教育实践中常常会碰到的情况：

- 小班的小白因为自我管理能力比较弱，排队时经常离开位置，或者出现插队的情况，所以经常被其他小朋友称为"插队精"。
- 中班的小米因为自己上课坐不住，有时会被一旁的小女生说："你不要再乱跑啦！否则我就不和你做好朋友啦！"

（一）霸凌的概念

可能会有老师或家长觉得以上两个例子不属于霸凌，甚至在想"这要是霸凌的话，那孩子也太脆弱了吧！"但现实中，当孩子一旦被贴上了"插队精""捣蛋鬼"的标签，他会被其他小朋友甚至是老师区别对待，即使有时不是他的错。这就是群体中的"动力学"，大家会被无形的力量推动。比如：上个月的某一天，小白因为很喜欢别的小朋友的玩具，就去抢了过来，想自己玩。后来过了一段时间，班里另外一个孩子在老师上课之前向老师"告状"："我的玩具不见啦！"一旁的其他孩子就马上接话说：

"肯定是被小白拿走的！他就是个捣蛋鬼！"但小白是被冤枉的，当天他并没有拿其他小朋友的玩具。

的确，有时霸凌的边界并不明确，有些事情明明是欺凌和侮辱，却会被旁观者认为是玩笑和打闹，甚至有些大人也会忽视。而这些所谓的"顽皮""童言无忌"，在某一瞬间，或是多次、长期经历下，会给孩子带来异乎寻常的心灵创伤。作为老师、家长，应当对此有足够多的重视和足够多的守护。

那什么是"霸凌"呢？有些孩子会用让人不舒服、感到害怕或让人觉得难过伤心的方式来欺负别人，当他们试着欺负那些比较弱小的孩子时，就是在实施霸凌。在幼儿园中，霸凌主要的表现是言语、社交或肢体方面的霸凌，程度可大可小。以下是幼儿园霸凌的常见情况：

- 被排挤——其他小朋友形成一个微型集体，不允许某个孩子到特定游戏区。
- 被嘲讽——笑话孩子。
- 被起外号——在笑话孩子的基础上，起不礼貌的名字，如"插队精"。
- 被破坏、故意弄坏私人物品。
- 争抢玩具、食物等。
- 肢体冲突，严重的会伤害身体。

（二）霸凌的原因

专门研究儿童社交问题的心理学家迈克尔·汤普森博士在他的《妈妈，他们欺负我》一书里说到：从 2 岁半起，孩子就会利用身体优势欺负和恐吓比自己小的孩子；到了 4 岁，孩子们会通过欺负他人的方式互相测试，以此发现他们当中哪个孩子缺乏承受力。他们会结成一个松散的联盟，取笑另一个孩子是"爱哭鬼""小宝宝"。[①]

———————————

① 迈克尔·汤普森，劳伦斯·科恩，凯瑟琳·奥尼尔·格雷斯著；游戏力翻译组译.妈妈，他们欺负我——帮孩子解决社交难题[M].北京：中信出版社，2018.07.

那么，孩子们为什么要这么做呢？

首先，孩子可能是在模仿或寻求关注中偶然发现了自己有伤害别人、控制别人的能力。而旁观的孩子，大部分会保持沉默或者模仿。

其次，孩子认识社会和辨别善恶的能力还不充分。尤其是低龄的孩子，他们无法非常恰当地辨别自己的语句是否恰当，而只是在模仿，或者认为自己拥有了主动权，就想把这样的能力施展出来。

再次，当孩子由于自身语言表达、理解能力及处理新奇事物的能力较弱，那么对于其他孩子的"言语中伤"，他们大多是无法感知到的。孩子无法"反驳"，就无法让"霸凌"暂停，之后还有可能会出现类似情况。

【拓展阅读 7 - 7】特需幼儿受到霸凌的原因有哪些？

特需幼儿在幼儿园受到霸凌的原因主要有以下 3 个方面：

1. 外部原因：老师的疏忽，没有帮助孩子创造一个友好的融合环境。

2. 孩子能力较弱，比如：不理解游戏规则、游戏方法，所以其他孩子不想带他玩。

3. 孩子语言表达能力较弱，不懂如何拒绝他人或无法和家长、老师讲述被霸凌的遭遇，造成其他孩子觉得他"好欺负"。

4. 分不清什么是霸凌行为，对于别人肢体上和语言上的解读还不全面，不能及时地、敏锐地捕捉到戏谑、挑衅等深层含义，因此难以解读到霸凌的内涵和行为，所以助长了霸凌者的气焰。

5. 家长和老师不清楚孩子被霸凌的情况，没有教会孩子适当的反霸凌方式。

6. 大人提供了错误的应对方式：打回去。打回去并不是最好的处理方式，若将来孩子出现肢体冲突，特需幼儿因为特质很容易被其他人误认为过错方。

7. 自我意识和自我认同感过低，没有意识到保护自己的重要性，缺乏反霸凌的勇气。

8. 长久的习得性无助。因能力有限无法寻求家长和老师的帮助，家长和老师听不懂孩子描述的情况无法提供及时有效的帮助；或者家长和老师不在意，以"冷处理"的方式处理孩子遭受霸凌的情况；又或者是孩子被教导了错误的反霸凌方式，被霸凌的情况依旧存在或者不降反增。

（三）社交痛苦与社交创伤

霸凌的表现有很多,对于老师而言很重要的一步是:分清哪些是不可避免的社交痛苦,哪些是可能造成具备打击性的社交创伤。

杜克大学的约翰·科伊教授针对校园社交中不同类别的孩子做过深入的研究,他们发现孩子可以被分为 5 种基本的类型:15% 的孩子是"受欢迎的孩子",45% 是"被接纳的孩子",15% 是被排挤的孩子,5% 左右是被忽视的孩子,还有 20% 左右的孩子很难被定义。[①] 在这些类型中,真正可能遭受社交创伤的"高风险人群"是那些被排挤的孩子。我们在实际的工作经验中发现特殊孩子在融合环境中存在被排挤的情况。即使是在小班,在最小年龄段的孩子中也会发生。例子:小白在上课的时候无法安坐,会时不时向跑离座位。之后,影子老师问起坐在小白旁边的一个小女孩:"是否喜欢小白呢?"小女孩毫不犹豫地回答:"只要他坐在座位上不乱跑,我就和他做好朋友。否则就不是啦!"如果没有影子老师在旁边鼓励小女孩看到小白积极的一面;如果没有影子老师的介入,帮助小白逐步融合,小白独自一人在融合社交环境中就很有可能被排挤,从而更加无法拥有较好的融合品质。

如果这一类孩子一直得不到帮助,这种没有朋友的、失落的、不被认可的感觉就会一直伴随他读小学、读中学、长大成人。所以,对于这些高风险的孩子,我们不要觉得"没事"或者"等等以后会好"。当孩子身处集体之中,他们是会被群体的力量推着越走越远的,这种力量大人根本控制不了。所以,在看见孩子需要帮助的时候,请早一点为他提供帮助,否则,也许你就再也没有这个能力了。

那么,什么样的孩子会成为被排挤的目标? 其实,每一个孩子都有

---

① 资料来源:https://www.sohu.com/na/410200647_120767784.

可能被随机地选上，但一些"特别"的孩子，比如穿了一件特别的衣服、口音不一样或者是反应特别大、很容易被激怒或者特别慌张的孩子，更容易被试探、被排挤。特殊幼儿在融合环境中出现一些特殊状况（如：沉溺于自己的世界里进行自我刺激、上课不遵守常规、玩游戏时争抢玩具等等）就容易被暴露，而被他人觉得"异样"，从而可能会被霸凌。

谈到这里，想必老师或是家长都会感到焦虑，担心孩子在幼儿园环境里不能很好融合，反而被"欺负"。但是此时，我们必须也要理解：社交的冲突和痛苦非常的普遍，每个孩子都被嘲笑过、每个孩子都会跟朋友争吵、每个孩子都会面临被拒绝，即使是最受欢迎的孩子，也会经历社交的困扰，这是无从选择和逃避的，这就是不可避免的社交痛苦，社交痛苦不等同于社交创伤。

从国外的跟踪研究来看，朋友间的矛盾或者被小团体排挤之类的事，不会对孩子造成永久性的伤害。他们可能会伤心，但不会有危险。当然，这其中必定需要我们的老师有较好的针对性策略，家长也要在孩子出现被霸凌的情况时调整好自己的心态、积极应对孩子被霸凌的现状，同时有班级老师参与合作。

（四）如何防霸凌

1. 帮助孩子了解霸凌

孩子如何才能知道自己被霸凌了呢？我们提供两个策略有助于孩子理解。

1）演示

鼓励孩子用肢体表演或描述的形式将当时的情景再现。老师需要适当提示（用语言及肢体辅助都可以）孩子当时可能发生的情况。

2）流程图

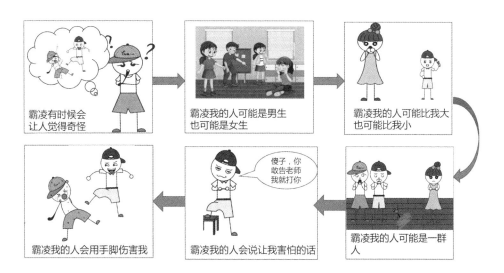

这份图文并茂的流程图,可以方便孩子辨别自己经历的情境。在图片中,有明显的箭头标识和图片提示,便于孩子理解霸凌的具体形式。

3)视觉材料《谁在交朋友? 谁在欺负人》(详见附录 4)

2. 防霸凌准则

老师可以将以下四条防霸凌准则教授给孩子,让孩子"心中有数",变得更勇敢!

1)以文当先

君子动口不动手。尽量减少扩大冲突的范围。讲话时,声音说得响一点,语言上更有力量一些,就能使自己掰回一局。而且孩子之间的争执都比较简单,只是在说单纯的好与坏。

2)忌次生伤害

有棱角的地方、手里的小玩具也可能会成为伤害的利器,要小心!

3)老师是孩子的坚定后盾

老师可以是孩子的保护伞,也是孩子的避风港。当孩子受伤、受欺负的时候,老师要有呵护孩子的耐心、观察孩子的细心、保护孩子的决心,坚定维护好孩子稚嫩的童年。

4)足够相信自己

孩子面对霸凌,需要足够的自信、足够的勇气! 孩子要相信自己可以的! 身体站直、态度坚决、勇敢大声说"不",都是自信的表现。

【拓展阅读 7 - 8】霸道行为检核清单(同伴版)①

霸凌行为检核清单(小天使版)

检核人：　　　　　被检核人：　　　　　检核日期：

你是否见过有人对＿＿＿做出以下行为? 请你根据实际情况判断以下这些情况是"经常"、"有时"、还是"从不"发生,并在相应的选项下面打"√"(以下将被检核人称为幼儿)

行为	频次		
	经常	有时	从不
幼儿被取难听的绰号			
幼儿的行为被嘲笑			
幼儿的长相被取笑			
幼儿的发音被取笑			
有人散布关于幼儿的谣言			
有人对幼儿说"你太笨了,我们不想让你玩"			
幼儿被打			
幼儿被推搡			
幼儿被故意绊倒			
幼儿遭受到身体侵犯			
幼儿的物品被故意拿走			
幼儿被用恶作剧捉弄			
幼儿被小团体排斥、取笑			
幼儿想参加班级自由时间的游戏活动,被拒绝			
需要分组时,没人愿意和幼儿一组			
补充：			

---

① 本清单由作者整理,仅用于本书说明使用。

【拓展阅读 7 - 9】被霸凌后的身体检查清单①

<table>
<thead>
<tr><th colspan="4" align="center">霸凌场景检核清单(小白版)</th></tr>
</thead>
<tbody>
<tr><td colspan="4">检核人：　　　　　年龄：　　　　　年级：　　　　　　　检核日期：</td></tr>
<tr><td colspan="4">你是否在以下场合被欺负过？请你根据实际情况判断以下这些情况是"经常"、"有时"、还是"从不"发生,并在相应的选项下面打"√"</td></tr>
<tr><td rowspan="2" align="center">场景</td><td colspan="3" align="center">频次</td></tr>
<tr><td>经常</td><td>有时</td><td>从不</td></tr>
<tr><td>教室里</td><td></td><td></td><td></td></tr>
<tr><td>走廊里</td><td></td><td></td><td></td></tr>
<tr><td>楼梯间</td><td></td><td></td><td></td></tr>
<tr><td>厕所里</td><td></td><td></td><td></td></tr>
<tr><td>操场上</td><td></td><td></td><td></td></tr>
<tr><td>感统活动空间</td><td></td><td></td><td></td></tr>
<tr><td>餐桌或食堂</td><td></td><td></td><td></td></tr>
<tr><td>楼梯</td><td></td><td></td><td></td></tr>
<tr><td>补充：</td><td></td><td></td><td></td></tr>
<tr><td colspan="4">如果你不知道那是什么地方,你也可以将它画下来：</td></tr>
</tbody>
</table>

---

① 本清单由作者整理,仅用于本书说明使用。

第八部分

生理篇——以理解为基础应对行为问题

一、警醒度如何影响儿童幼儿园生活适应

（一）警醒度概念

在介绍"警醒度"之前，先提及另一个相关的概念：感觉统合。有些老师可能会认为：感觉统合不就是感知觉吗？事实上，感觉统合是警醒度的一部分，而警醒度不止包括感觉统合，还涉及情绪、社交等。警醒度，可以叫作感觉调节水平（Arousal Level），又叫作感觉唤醒状态，指一个人对本身内在和外在环境刺激所能接受的程度，涉及儿童处理和回应感觉的能力，和感觉阈值相关。

警醒度对孩子参与游戏和其他日常班级活动至关重要。当孩子的警醒度调节异常时，不仅会影响孩子在课堂上的视听觉注意力，还会影响学习状态，甚至会干扰到当时的环境，对其他小朋友的正常活动、班级老师的授课造成不良影响。

警醒度与人们的情绪、兴奋和活动水平有关。每个人的警醒度是不一样的，会因不同的时间、地点和状态而不同。一般的成人通过伸展放松、喝咖啡、转换环境等使自己专心，典型发育的孩子也能通过老师的监督、计划表的制定来调节感觉神经，使自己达到合适的警醒度范围。而很多有情绪行为问题的孩子，他们在独立调整及维持自己的警醒度上是存在困难的。如果班级老师忽略孩子的这种困难，孩子就很有可能会成为"不听话""任性""捣蛋鬼""不受控的小火箭"等具有负面效应的代名词。久而久之，班级老师会觉得孩子是在"故意为之"，是在"挑战老师的权威"，然后慢慢就会对孩子产生失望的情绪、心有余而力不足，从而可能会影响孩子的融合品质。

当孩子有良好的警醒度调节能力时，他们与老师、同伴的相处以及

在游戏空间的互动表现就会比较符合班级老师的期待。当孩子警醒度调节能力异常时,孩子就容易出现到处摸环境中的物品、不理睬同伴的社交邀请或友情提醒、在教室里到处跑、尖叫等情况,成为孩子顺利和同伴及班级老师互动的阻碍之一。

图 8-1 警醒度的概念框架

(二)警醒度异常的类型及表现

在初步了解警醒度的概念后,我们来进一步探究警醒度的类型、表现。

表 8-1 儿童警醒度检核表(Arousal Level Checklist)

分类	检核内容	儿童表现	总结说明
警醒度过高 (刺激反应 过度)	容易分心,注意力不集中		儿童学习注意力不集中,游语提醒:先从生理角度分析原因。
	容易冲动,情绪控制能力差		
	容易过动,兴奋		
	易焦虑、上课不听指令		
	较难顾及环境、人、物,适应困难		
	常常奔跑、冲撞,显得不顾危险		
警醒度不足 (刺激反应 不足)	显得懒散、无精打采、恍惚、昏昏欲睡		
	反应慢、听到指令执行速度慢		
	易拖延、做事情三催四请		
	需要大量提醒		
	忽略细节		

从以上检核表中，我们可以看到特需幼儿在融合环境中存在的诸多问题，而这些问题都涉及警醒度异常。接下来我们将一一进行分析。

1. 警醒度过高

警醒度过高也就是刺激反应过度。当警醒度偏高时，神经系统无法去过滤大脑所接收到的刺激是重要的或是可忽略的，因此孩子对于任何的刺激都会有所反应。

1）触觉敏感

某些特定的触感会让孩子感到厌恶或反感。

2）前庭觉敏感

孩子对重心及位置的改变会相当害怕，会将这些变化理解为潜在的伤害。

3）本体觉过度反应

孩子不愿意移动四肢，逃避需要承重的活动。

4）视觉感觉过度反应

即视觉防御，主要有以下几种情况：

- 当孩子感觉眼睛紧绷时，可能会眯眼睛，或者用双手拍打眼睛来"自我刺激"。这种"自我刺激"的方式有助于舒缓他们过度压缩的视觉注意力，让视觉的运作更顺畅。

- 孩子对光亮的表面、亮光等无害的环境刺激也会产生剧烈的反应，面对突如其来的、明亮的光线，他们会躲开视线，或用其他物体挡住光线。

- 孩子会被比较容易被移动的物件干扰，例如：一些摇晃的挂件、忙碌的人群。

- 孩子会避免直接的眼神接触。

5）听觉过度反应

即听觉防御，主要有以下几种情况：

- 会对各种敏感的声音随时保持警觉，因而容易分心。
- 对于一些普通人可接受的声音也会表现出强烈快速的反应，例如：婴孩的啼哭声、吸尘器的声音、汽车鸣笛声。
- 孩子可能始终都提心吊胆，担心听到难以接受的声音，而这种负面心态会影响孩子的学习与行为。

6)情绪行为过于兴奋

会通过尖叫、大笑、跑动等比较大幅度的举动来表达自己亢奋的情绪，这也是刺激反应过度的表现。

2. 警醒度过低

警醒度过低是指神经系统无法有效率地处理所接收的刺激，因此可能会忽略重要的信息，此时会出现"精神涣散无法集中注意力""反应慢半拍"等情况，孩子甚至会因缺乏安全意识而发生危险。

1)触觉反应不足

孩子需要更多刺激输入来得到所需要的触觉信息。此外，他们也会经常去寻找这类刺激，但常是以不安全的方式去寻找。主要表现为：

- 除非用力碰触，否则孩子不会感觉到。因此对疼痛的感觉反应不大，不知道自己已经受伤。
- 不太注意自己的衣服是否舒适，衣服歪了也没有感觉。
- 吃东西囫囵吞枣，把嘴、手弄脏也不会发觉。
- 会咬不能吃的东西，例如：指甲、头发、衣领、玩具等。
- 会伤害他人，无法体会他人的疼痛。

2)前庭觉反应不足

- 喜欢强烈、快速与绕圈的动作且不会头晕，例如：在椅子上旋转、在蹦床上跳跃等。
- 坐立不安、一直动来动去，很难安静地坐在椅子上。
- 平衡感很差，很容易且常常跌倒。

- 会撞上柜子或者其他物体，而且很显然是故意的。

3）本体觉反应不足

孩子会额外寻求本体觉输入，以增加他们对于身体空间的概念，同时这些额外探索可以增加身体知觉以及安全感。例如：走路时双脚踩踏地面发出"砰砰"的响声、戳自己的脸颊、拉手指、把手指关节折得咔咔作响。这些现象都是孩子为获得更多刺激的表现。

4）视觉反应不足

对于迎面而来的物件无法做出快速且有效的回应。主要表现有：无法意识到强光，面对闪烁的光线不知要眨眼或躲避；喜欢追求视觉的刺激（如：凝视事物的边角、图案等）。

5）听觉反应不足

孩子对于一般人能听得到的声音无动于衷；他人与之交流，孩子回应的声音可能相当轻柔，甚至类似于耳语。

6）情绪行为过于"消沉"

孩子经常是提不起劲、懒洋洋、想睡觉、对很多事物不感兴趣的状态。

3. 其他类型

警醒度异常还会体现在感觉区辨障碍，感觉区辨障碍指的是很难辨别多种刺激，会误判事物的价值。

1）触觉区辨障碍

孩子无法理解掌握物体的物理特性（质感、形状、大小、密度等），例如：孩子使用工具有困难，不会握笔或使用刀叉等。

2）前庭觉感觉区辨障碍

孩子动作笨拙、不协调，表现有：

- 孩子爬楼梯、跳跃、骑车或单脚站立时，容易失去平衡。
- 不太会把握好姿势，例如：良好的坐姿与站姿。

- 没有方向感，经常弄错方向。

3）本体觉感觉区辨障碍

身体意识和动作控制能力不佳，主要表现为：

- 参与活动时（如上下楼梯），难以变更身体姿势以适应活动需求。
- 玩玩具有困难，孩子无法确定应当如何调整自己的身体以操作或调整玩具零件。
- 无法控制握住或移动物品所需要的力道，从而导致物品有可能被损坏。
- 书写作业、绘画过于潦草。
- 写字过轻而难以辨识，或是用力过度而过于费力。
- 若不依靠视觉，就无法做日常熟悉的事，例如：穿脱衣服。

4）视觉区辨能力不佳

难以看见立体的影像（深度知觉），主要表现为：

- 难以判断物体、图案（字母／文字／数字）之间的距离，也不容易判断自己与物体之间的距离，常常会撞到物品。
- 对于上下、前后的概念很难理解。
- 比较难以串珠子、看图模仿搭积木等。
- 缺乏团队运动所需的场上意识，无法掌握队友的位置，因此难以融入。
- 不了解图片、单词等之间的相似或相异之处。
- 专注时间很短，看过的事物难以记住。

　　根据以上表现，可以看出警醒度对孩子的日常生活、学习能力、融合品质等方方面面都有很大的影响。在接下来的章节中，我们将就孩子在幼儿园中的一些行为问题进行分析，帮助老师理解孩子行为问题背后的生理性发育原因，从而有针对性地帮助孩子。

二、手舞足蹈、拍打手或手臂

【案例】幼儿园老师反馈小白在园时经常莫名其妙地手舞足蹈、拍打手或手臂，有时还会去拍打其他小朋友，导致其他小朋友都不敢跟他玩，老师即使制止他拍打，下一次他还是会这样做。

原因分析：

（1）引起关注。无聊时或他人持续没有对他进行关注时，孩子会通过大声拍打手臂来引起他人关注；

（2）平复情绪。焦虑/开心/兴奋时通过拍手来平复情绪；

（3）表达情绪。在不能用恰当的语言表达情绪时，孩子会通过拍打手臂等行为来表达自己现在的情绪；

（4）寻求感觉刺激。手部刺激需求大的孩子，会经常拍打手臂、击掌等。

应对策略：

（1）调整孩子表达兴奋的方式：提醒其用语言表达"好开心"（前期时需要老师多补充旁白与描述）。

（2）调整社交方式：引导孩子用恰当的语言表达，如对同伴说："×××，加油""××，你真棒"（替代自我刺激的手舞足蹈）。

（3）如果拍打自身手臂是为了引起关注，那么当孩子出现拍打手臂的行为时，老师应该先忽视，待其情绪平复后再给予关注，并且在孩子情绪好的时候多给予正面肯定，强化好的行为。

（4）用按摩、按触觉球等方式代替拍打，同时达到满足孩子手部刺激的需求。

（5）教孩子学会其他抒发情绪的活动，如跳一跳、跑一跑、转一转等。

（6）教室准备儿童感统平衡垫，用来转移注意力以及提高孩子感知觉的功能。

（7）视觉辅助(可参考表8-2)。

表8-2 管好小手的三点量表

序号	可能的场景	我的感受	等级示意图	我能做什么
3	看到很多陌生人	非常害怕		伸手向老师求助
2	老师严肃批评时	有些紧张		紧握触觉球
1	看动画片时	轻松平静		小手放好

（8）社交故事。

社交故事:《玩游戏要控制好自己兴奋的手》

句型	内容	图示①
描述句	玩游戏的时候,我会努力认真听从和遵守游戏的规则。	

---

① 社交故事的插图来自网络:https://image.baidu.com/教师们在具体实际中可以根据幼儿的情况进行替换。

（续表）

句型	内容	图示①
透视句	能够遵守游戏规则是很受欢迎的行为。	
指示句	玩游戏的时候就算很开心，也要控制好自己的兴奋程度（我可以在等待时候拍手数数字，看到自己玩的时候拍了多少次手，是 10 次还是 20 次呢？）并且排好队按规则来进行。	
肯定句	我要是能一直遵守游戏规则，那么小朋友就可能会很喜欢找我一起玩游戏。	

三、不恰当的触碰、冲撞他人

【案例】小白排队时经常会撞到前边的小朋友，或者在排队行进时会去推前面的小朋友，有时候推的力度有点大，虽然不至于让人摔跤，但前面的小朋友会不开心。有时候他跟其他小朋友击掌会很用力，但自己觉得力气并不大。此外，小白对于社交距离的把握也不好，要么紧紧贴着其他人，要么横冲直撞把别人撞倒。

原因分析：

（1）触觉不敏感（该原因可能性最大）。触觉不敏感导致孩子对力量大小的感知不清楚，经常是处于混乱的状态，所以会很用力地对待别人，但自己觉得力气并不大。

（2）空间位置感知较弱。孩子对物体间的距离估计错误，所以在跑的时候会撞到他人。

（3）社交距离概念不明确。不了解社交时合适的距离是什么，会离他人很近或很远地进行社交，给他人带来误解。

（4）动作/认知概念不理解，不理解"拍/摸""近/远"等。

应对策略：

（1）教孩子认识轻重、远近、快慢、拍一拍、摸一摸的概念。

（2）通过建构游戏逐渐建立空间概念。老师可以在早上和自由活动时期，在游戏空间用道具和儿童一起玩建构游戏。

（3）教导孩子学习社交距离的知识。引导孩子理解社交圈的含义，并找到和同伴相处的正确模式。同时调整孩子的触觉敏感度，满足感觉需求。刚开始可教授孩子同理他人情绪，不恰当的接触会让他人觉得不舒服，可能会很伤心或者很生气，如对孩子说："你轻一点抱别人，他们会更舒服，会更愿意和你玩。"同时帮助孩子调整触觉敏感度，让孩子更好地体验按压力。一段时间后，可继续给孩子教授社交圈的含义，和不同关系的人保持不同的距离。最终经过一次次的泛化，让孩子掌握此技能。

我的社交距离图

图 8 - 2　我的社交距离图

注意：部分孩子出现此行为与老师的行为有关，有的老师喜欢用捏一捏、拍一下等来表达喜欢，孩子也会进行模仿，所以老师同时要注意修正自己的行为，给孩子做一个良好的示范。

四、过度拥抱、倚靠、推搡他人

【案例】在张老师的描述下，小白是一个"爱憎分明"的孩子，因为小白对于喜欢的人会表现得非常粘人（喜欢用力抱对方，也喜欢对方用力抱他，一看见对方就会倚靠在对方身上），对于不喜欢的人就非常抗拒（会用力推开对方）。但这种过度拥抱、倚靠、推搡等影响了小白的社交，班里的小朋友并不喜欢和这样的小白一起玩，甚至想躲开小白。

原因分析：

（1）感觉刺激需求。孩子对于深度压力刺激的需求比较大，会经常通过用力地拥抱来满足。

（2）不理解适合社交的力度大小。孩子认为我喜欢你就要很用力地抱你，不喜欢你就要用力地推开你。

（3）肌张力低，核心力量较弱。在与他人进行拥抱或者推搡的过程中，核心力量弱，由于惯性身体会比较重的倚靠在他人身上，使他人误解。

（4）动作精细度较差。不能完成有控制的运动，如慢慢地、轻轻地抱/摸。

应对策略：

（1）可进行按压按摩，加强深度压力刺激，满足日常刺激需求；过程中可渗透轻、重的概念；

（2）用社交故事说明不同力度的社交对他人的影响。

（3）学习其他表示喜欢或讨厌的社交方式。尤其可以学习用非言语的方式进行社交(如:摆手表示拒绝、边皱眉边用语言拒绝、拉手表示友好等)。

(4)增强动作精细度,能准确地控制速度快慢、力度大小。

(5)增加腰腹部及背部肌肉的耐力练习。

五、捂耳朵

【案例】小白听觉敏感,做操时一听到哨子声他就会捂耳朵、班里有小朋友哭他会捂耳朵、玩区角游戏时教室比较吵他也会捂住耳朵钻到桌子底下。类似运动会、游园会这种会有各种嘈杂声音的活动,小白就会很排斥,如果老师一再要求他参加,他就会捂着耳朵尖叫。

原因分析:

(1)听觉防御。当外界突然发出某个孩子所不能接受的频率的声音,或者环境声音过于嘈杂,都会引起孩子的焦虑,因此会出现捂耳朵或大声尖叫甚至是哭闹的行为。

(2)表达拒绝或要求安静。当孩子的语言表达能力不强时,他无法用语言来表示"我不要""我不想"或者"太吵了,安静一点",就会通过用捂耳朵的动作来表达自己现在不想听到这个声音,从而有可能达到使环境安静或逃避某种任务的效果。

应对策略:

(1)教授孩子运用语言表示拒绝或希望安静,如:"好吵啊""你们声音太大了""请安静""我不想听"……

(2)教会孩子当环境太吵闹时可以怎么办。比如,可以向老师要求在教室外面待一会儿、戴耳塞、告诉老师自己不舒服……

(3)给孩子在教室里面或者外面准备一个可以让孩子冷静、平复情绪的地方,可以是一个软垫或是一个小蹦床,让孩子可以来这里暂时休息。

（4）教会孩子辨别不同音量的等级（视觉材料可参考表 8 - 3）。

表 8 - 3　声音等级的五点量表

声音等级	可能的场景	我的感受	等级示意图	我能做什么
5	飞机起飞	捂紧耳朵,哭泣		我需要帮助,寻求安慰
4	装修电钻	紧张,害怕		使用耳机,听喜欢的音乐
3	商场闹市	警觉,稍微有些紧张		深呼吸,使用触觉球转移注意力
2	正常交谈	平静		很好,继续保持
1	微风吹过,风车转动,泡泡随风起舞	很舒服,很开心		特别放松

六、吃手工材料、咬玩具

【案例】小白已经 5 岁了,但他在幼儿园玩游戏时还是很喜欢吃手工材料或者咬玩具,有一次差点把串珠吃进去,这让老师非常担心。主班老师李老师说:"班上这么多孩子,我总不能在旁边时时刻刻盯着他吧？可要是不盯着他，要是哪次他真把玩具吞进去可怎么办？"

原因分析：

（1）孩子把玩具放嘴巴里面的行为，是假想能力处于初级的表现——尚未在认知上理解"这是假的"。

（2）也可能是孩子存在口腔感知觉的需求——儿童的口腔可能弱敏。

应对策略：

（1）如果孩子尚未完全区别真实与虚假，老师可以在旁边强调"这是假的，我们可以假装吃"。

（2）如果是为了满足口腔的感知觉，可以替代成其他可以咬的东西，并且在满足孩子的口腔刺激需求时输入"换"的概念，让孩子将手中的东西与他人进行交换。

（3）通过其他方法（如：用海绵棒进行口部按摩、咬牙胶）满足孩子口腔内的感觉需求。

（4）引导孩子学习手工材料的用途是做手工，而不是用来吃的。具体操作为：老师向孩子输入各种材料、玩具的作用，丰富孩子的日常生活体验。另外，孩子拿到手工材料后，教师可提醒孩子拿稳材料，不能吃。一段时间后，孩子可以听从老师指令，不随意吃手工材料时，可提高孩子的口部按摩次数与频率。最后，孩子能做到发了材料就安静地等待。

（5）转换成假装游戏，将真的咬变成"假装吃"，这时候的旁白"假装吃"还有同伴示范很重要。

七、乱扔东西

【案例】游戏时，小白经常说"我不要玩玩具"，拿到玩具也会扔，但小白很喜欢玩具盒上的贴纸，别的小朋友在玩玩具时他就在撕贴纸。游戏结束到了吃点心的时间，小白在吃点心时经常会将碗里的牛奶洒在桌子上。午饭时间也是"鸡飞狗跳"，一开始小白能拿着毛巾乖巧地坐在椅子上吃饭，但没过多久毛巾就被他扔到别的小朋友碗里去了，勺子也被扔到了地上。对于小白这种乱扔东西的行为，应该怎么办？

1. 洒牛奶

第一步：经过功能性行为评估，发现小白的洒牛奶行为主要是为了寻求关注。

第二步：执行代币系统＋视觉辅助。

- 代币系统：牛奶喝完→奖励一颗小星星贴纸
- 视觉辅助：喝牛奶的图片（将该视觉提示卡放在桌子上，随时提醒）

第三步：对小白的好行为给予较多的关注。

2. 扔勺子、扔毛巾

对于"扔勺子、扔毛巾"的行为，老师可采用"自然后果法"——如果行为发生，则没有勺子喝汤、没有毛巾擦嘴巴和桌子。因为小白只会用勺子吃饭、喝汤，而她又有点小洁癖，每次必须擦嘴巴和手，因此这个策略见效很快。经过一周的干预，小白基本能够做到吃饭不扔勺子和毛巾。

3. 撕贴纸、乱扔教室的玩具

第一步：经过功能性行为评估，发现孩子是因为喜欢贴纸的黏性（手部感觉需求），目前处于游戏技能感觉探索阶段。

第二步：将贴纸作为奖励，满足小白的感觉需求，同时引导小白玩教室的玩具。

经过一段时间的干预，小白撕教室贴纸的行为减少，同时对玩具的兴趣提高，基本掌握老师教她的玩具玩法，游戏时间能自己进行游戏。

八、发呆或自言自语

【案例】小白在演讲课表现得非常好,积极举手回答问题,课堂参与度很高。但他到了手工课和运动课就"变了个人",要么发呆,要么就自言自语。老师提醒他完成手工作品、做运动,他整个人懒洋洋的,不愿意做。

经过评估,融合督导发现小白的手部精细能力较弱、肢体运动不太协调,所以对于难度超过他能力范围的任务,他会通过发呆或自言自语来逃避。

应对策略:

(1)降低操作难度,按照孩子的能力带领孩子使用这些手工材料,提高孩子对课程的兴趣及课程的参与度。

(2)输入规则:上课的时候嘴巴要保持安静。

开始的时候,老师可以想一想孩子喜欢玩什么东西,班级老师发的材料能否完成其作品内容。引导孩子多角度、多途径的探索手工材料,降低孩子对手工材料的抗拒程度。同时,根据孩子的不同能力设定不同的操作难度,如:单纯完成某一动作、粘贴物品等。一段时间后,孩子愿意尝试时,老师可尝试让孩子理解任务的操作规则,同时辅助其完成相应的动作、完成更多种类、更加丰富的运动。最后和孩子强调班级规则是上课时应该保持冷静、嘴巴要保持安静。

九、上课吃手

【案例】小白4岁,她在幼儿园上课时总是吃手,老师制止她后,她会忍耐一会儿,但没过多久她趁老师不注意又开始继续吃手。老师在与小白的家长沟通后发现,小白在家中吃手的情况比在幼儿园少一些,但也仍然时不时就吃手。

原因分析:

(1) 可能是孩子存在口腔感知觉的需求——儿童的口腔可能弱敏。

(2) 也可能是孩子上课无聊,想给自己找一点事情做。

应对策略:

(1) 儿童的口腔可能弱敏,可以用咬牙胶、海绵棒、震动牙刷等提高口腔感知觉。

(2) 若是因为觉得上课无聊,想给自己找一点事情做,那么老师可以给孩子机会,让其有事可做,比如让孩子做一个力所能及的小跑腿、完成简单的回答、做小助手等。

(3) 老师可用正向态度提醒孩子"嘴巴是用来好好说话的",当孩子在恰当的时间内,没有继续吃手了,老师一定要及时鼓励孩子,进行正向强化。

十、来回跑动

【案例】在自由活动阶段,小白最喜欢的活动是在教室里来回跑,跑得非常开心。老师将小白带到区角游戏中,引导小白和同伴一起玩,在这个过程中,小白对其他小朋友的互动"置之不理",2 分钟后,小白又继续在教室里开心地来回跑,这种行为同时存在安全隐患,小白有可能会撞倒其他小朋友,导致自己和同伴受伤,渐渐地,小朋友们习惯了小白这样的行为,也很少主动与小白进行互动。

原因分析:寻求感知觉上的刺激。

应对策略:

(1) 旁白。小白在教室里跑来跑去的时候,对小白进行旁白描述"小白从这里跑到了那里""小白一边跑一边笑""小白跑得很稳"等。

（2）同理小白＋引导。老师要同理小白"我看到小白一边跑一边笑，我知道小白很开心""我知道小白喜欢跑来跑去"，然后加上引导——"但是，这样有可能会摔倒，撞倒其他小朋友"。

（3）设计满足感知觉刺激的游戏。如果小白还是控制不住自己继续在教室里跑，那么老师可以根据现有的玩具给小白设计一些"小任务"，让小白跑得有意义。如：让小白将卡片放到墙上的小杯子里（步骤：从老师手里选择想要的卡片→跑过去→放在杯子里），完成后再跑回来，继续选择卡片，这样既能够满足小白的感知觉刺激，又能够训练三步指令。这时，有趣的一幕发生啦，其他小朋友看到老师在和小白玩这样放卡片的游戏，也纷纷加入，这样，小白也就能够"和同伴一样"，进行同样的游戏，从独自游戏转变到平行游戏，班级老师也能够同时照顾到普通小朋友。

（4）将"跑"变为奖励。除了找到帮助小白满足寻求感觉刺激的方法之外，还是要继续引导小白加入其他的区角游戏，那么老师可以将"跑"作为奖励，如小白玩了3分钟厨房游戏后，就可以去跑1次；小白搭好一个积木后，可以再去跑一次等，从而有效减少小白在自由活动时间独自跑来跑去的次数，也能够让他习得其他区角游戏的玩法。

十一、上课脱鞋

（一）上课脱鞋的具体场景及表现

 上课班级同学存在脱鞋现象，小白模仿这种行为。

 小白上课安坐一段时间，觉得不舒服就将鞋子脱掉，在地面上来回跺脚。

 班级老师讲课，小白听不懂上课内容，总喜欢将鞋子脱掉，踩在脚下踢来踢去。

 班级老师讲课时，经常叫一些爱举手的同学回答问题而忽视班级其他的同学，因此小白上课会故意脱鞋。

（二）上课脱鞋的原因

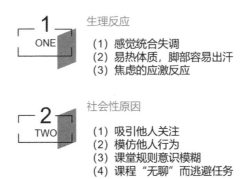

1 ONE　生理反应
(1) 感觉统合失调
(2) 易热体质，脚部容易出汗
(3) 焦虑的应激反应

2 TWO　社会性原因
(1) 吸引他人关注
(2) 模仿他人行为
(3) 课堂规则意识模糊
(4) 课程"无聊"而逃避任务

1. 生理原因

（1）感觉统合失调。有一些孩子脚部感知觉较为敏感，当天气变化，或者鞋子的材质不好，孩子觉得不舒服，上课可能会通过脱掉鞋子的行为缓解这种不舒适的感觉。

（2）孩子因脚部感觉需求较大而脱鞋，也是孩子上课脱鞋的一种常见原因。

（3）易热体质，脚部容易出汗。有一部分孩子属于易热体质，脚部容易出汗，尤其在体育课后，孩子觉得特别不舒服，可能会脱掉鞋子。

（4）焦虑的应激反应。当身边发生变化的环境产生的应激反应。有一些孩子对变化的环境、未知的事件、他人的批评等会产生焦虑、排斥的心理，通过一些外显的行为表现出来，如脱鞋子、趴在地上等。

2. 社会性原因

（1）吸引他人关注。当孩子的心智能力发展到一定的阶段，会想得到他人的赞扬与关注。有一些孩子早期缺乏父母关注，后期会需要更多来自父母或他人的赞扬与关注。而孩子不知道如何以恰当的方式吸引老师的关注，而出现不恰当的行为时老师又给予关注，这样就强化了孩子的行为。

（2）模仿他人行为。班级里只要有一个同学上课脱鞋，之后班级里上课脱鞋的人数会有所增长。我们的孩子有时候不知道上课脱鞋的行为是不恰当的,看到有同学上课脱鞋,觉得好玩就会模仿其他同学的行为。

（3）课堂规则意识模糊。对于一些孩子来说,遵守课堂规则是一件比较难的事情。他们有的不知道课堂上可以做哪些行为,不能做哪些行为,有些孩子对规则的执行力较低,而有些孩子难以长期维持。因此培养孩子的规则意识需要打"持久战"。如小白上课经常脱鞋,老师多次提醒小白上课不能脱鞋,小白也知道上课不能脱鞋,但是不知道上课为什么不能脱鞋,对规则的执行力较低,上课有时还是会脱鞋。

（4）因课程"无聊"而逃避任务。孩子觉得课程内容过难或过易,或者对课程内容不感兴趣,在课堂上没有事情做,容易出现一些"动作",如上课脱鞋。

（三）策略

案例

小白是某校一年级的学生, 平时不能跟上老师的课程进度, 老师讲课时小白经常会发呆, 有时候会把鞋子脱掉, 上课有时候也会突然站起来, 他并不知道自己的行为是不恰当的。当班级老师提醒小白把鞋子穿好或者在座位上坐好, 小白会主动把鞋子穿好或者在座位上坐好。

解决策略：

第一步：确定目标行为。

第二步：分析原因。根据老师一段时间的观察和分析,发现小白上课听不懂老师讲课,课程内容对小白来说较难。同时小白的课堂规则意识比较模糊,在老师的提示下,小白能把鞋子穿好或在座位上坐好。

第三步：行为导图。通过行为导图,让孩子知道上课脚应该放好,不能随便脱鞋。当上课坐好没有脱鞋,会得到怎样的好结果;当小白上课脱鞋,会得到的后果。下面是一个行为导图的例子。

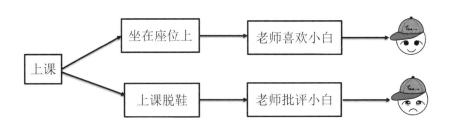

关于行为后果：可结合代币系统。将孩子喜欢的贴纸或活动等作为强化物，集够几个代币可获得一枚贴纸或完成喜欢的活动，以此强化孩子的好行为。

第四步：视觉提示卡。上课前老师拿出视觉提示卡，强调"上课鞋子穿好"的规则，将其放在孩子的桌面上，随时提示小白。

第五步：行为导图及视觉提示的撤除。当小白上课时能不脱鞋时，撤除行为导图和视觉提示卡。

注意：对于一些脚部感觉需求比较大的孩子，上课可能经常脱鞋，如果老师通过建立常规帮助孩子减少脱鞋的行为，同时要注意满足孩子脚部的感觉需求，如按摩。对于这些孩子，老师可以通过设定界限的方式，规定孩子在什么时间、什么地点可以脱鞋子，什么时间、什么地点不能脱鞋子，满足孩子需求的同时，也能有良好的课堂常规。如下课后在卫生间可以脱鞋但上课不能脱鞋、上课在同学看不见的地方可以脱鞋子一小会儿。也可以限定次数频率，如对于感觉需求较大的孩子，上课允许脱鞋×次，逐渐降低上课脱鞋的频率。

在平时，也要提醒孩子的家长给孩子准备穿着舒服的鞋子，从而减少孩子脱鞋行为的发生。

十二、幼儿园老师可以玩的感统活动

（一）小扫帚

游戏目标：锻炼手部灵活度。

游戏步骤：

（1）老师说："扫帚扫帚扫扫。"孩子的双手手背向上摊平、当作地板，老师的手做扫帚，在孩子的手上做扫地状。

（2）老师说："铲子铲子铲铲。"孩子的双手心向上摊平、当作铲子，老师的手仍做扫地状。

（3）老师说："垃圾篓里装装。"孩子的双手环起，当作垃圾桶，老师把手指轻轻放进孩子的手里，假装是扔废纸。

（4）老师说："干干净净真棒！"孩子的双手五指打开，最后竖起大拇指。

（二）跑跑停

游戏目标：提高本体觉、身体反应能力、听觉注意力。

基础玩法：

（1）把教室当作马路，孩子作为司机，老师是交警。

（2）孩子听从老师的指挥，老师说"红灯！"孩子要及时"刹车"，即停下来；老师说"绿灯！"孩子要尽快继续"开车"，即跑起来。

扩展玩法：

（1）加入"黄灯"，孩子要原地踏步，作为"等待"。

（2）若是小组游戏，则让孩子排队走在规定的"单行道"上。

（三）独木桥

游戏目标：提高身体平衡力、注意力。

游戏玩法：准备几个矮凳子，将它们排在一起，可以是直线，也可以是曲线，根据孩子的年龄来进行设置。让孩子站在椅子上，一个一个地走过椅子到达终点，可以朝前走，也可以侧着走。对年龄较大的孩子，老师可以设置一些障碍物，让孩子在过"桥"的时候，更能锻炼敏捷力、提高注意力。

扩展玩法：假想老师和孩子穿越丛林，经过了独木桥，继续走其他路径（把身体部位延伸出各种假想路径）。比如头顶是草地，肚子是泥潭，脚是小船，腿是大树等。

（四）烤饼干

游戏目标：提高注意力和反应力

游戏准备：在玩之前，老师先和孩子们互动，可以和他们分享吃饼干时快乐的感觉，并用真实的饼干作为孩子游戏最后的奖励，以此调动孩子的兴趣。

游戏玩法：孩子的手心向上摊平，老师告诉孩子："手心是饼干的一面，现在开始做这一面咯！"然后老师一边唱儿歌，一边点孩子的手心，儿歌唱完，最后手指在哪个孩子的手心，就意思是这个孩子的饼干做好了。玩第一轮的时候，可以辅助孩子的手翻面，并露出喜悦的表情，说："哇！××饼干做好了！准备好吃饼干吧！"之后的几轮，尽可能让孩子主动完成。玩了五轮左右，可以给孩子奖励饼干。

（五）来做飞饼吧

游戏目标：提高手腕灵活度，促进孩子的反应速度基础玩法：

（1）桌子上放一个厨师的卡通图片，孩子的一个手心放在桌面下面。老师对孩子说："现在我们的小手是一块飞饼哦！这位厨师需要用飞饼来做菜。我们快快把飞饼给他吧！"

（2）先辅助孩子，带着孩子的手，用较快的速度翻到桌面上厨师图案的手里。手心向下。

（3）孩子完成，就用彩笔在厨师图案的手心上画一个小圆圈，代表做了一个飞饼。让孩子从视觉上观察到自己的成果，有成功的体验，有兴趣继续游戏，并逐渐尝试独自完成。

扩展玩法：

（1）计时定量。规定孩子在规定时间内，做出规定个数的飞饼。

（2）夹心飞饼：孩子和老师手心相对上下叠放，孩子手在下面，让孩子手快速翻到老师手上，假想做的是夹心飞饼。

（六）一起卷寿司

游戏目标：给予孩子丰富的触觉刺激，锻炼孩子的核心肌肉力量。

基础玩法：孩子躺在床单的一边，老师用床单包裹孩子，手推孩子到床单另一边，当作是卷"寿司"的"夹心"。

扩展玩法：孩子和老师躺在床单的两边，老师对孩子说："我们做一个'双层夹心'寿司吧！"接着让孩子主动卷起床单，往老师那边滚。孩子成功滚到老师边上时，老师给孩子一个"爱的抱抱"，以示"寿司"制作完成！

（七）汤圆滚滚

游戏目标：提高孩子的手眼协调能力、手部力量。

基础玩法：孩子用一个勺子，舀起碗里的乒乓球，放在另一个盛有水的大碗中，假装"煮汤圆"，增加乐趣。

扩展玩法：孩子和老师接力传递"汤圆"，同时延长传递距离，适当提高游戏难度。

（八）手偶舞

游戏目标：提高孩子双手的协调性、视觉注意力。

基础玩法：

（1）在一个黑暗的房间里，打开手电筒，把光亮照射在墙壁上。老师和孩子的单手戴上迷你手指鞋套（注意：孩子用的手是其惯用手）。

（2）借着手电筒在墙壁上的光线，老师用套着迷你手指鞋套的手指做简单手势，比如：五指伸展、双指并拢或是数字造型。孩子根据墙壁上投射的光影，尽可能模仿做一样的动作。

扩展玩法：老师做一些简单的动作，比如：双指模拟走路、上下楼梯。或者可以摘下手指鞋套，用双手做稍复杂的图案，让孩子尽可能地模仿。

（九）造路大师

游戏目标：提高孩子手指的稳定度、视觉定位能力。

基础玩法：孩子根据老师给出的线条图案，在沙盘或者铺满彩色大米的浅盘中，用手指画出相应线条，模拟在造各种蜿蜒盘旋的道路。

扩展玩法：孩子根据纸面上给出的虚线或窄线条，用笔在虚线或窄线条内完成描线。

（十）给数字穿上花衣服吧

游戏目标：提高孩子的手眼协调能力及耐性。

游戏道具：一份数字点点卡（数字的轮廓边缘是一个个空心小圆点）、一些颜料、棉签。

基础玩法：孩子手持棉签，在颜料盘中蘸取适量颜料（若孩子较难完成，这一步由老师辅助），然后在点点卡上的小圆点上涂上颜料，就像给数字"穿上五彩缤纷的衣服"。

扩展玩法：计时或规定颜色圆点的数量。

（十一）起飞吧！小玩偶

游戏目标：提高孩子的手臂力量及视动统合能力。

基础玩法：让孩子在指定位置把手里的小玩偶扔到指定的玩具桶中，假想让小玩偶飞起来。

扩展玩法：延长扔玩偶的距离或是把目标玩具桶移动起来。

（十二）吹海风

游戏目标：①制作纸船，可提高双手的协调能力；②吹气，有助于提高孩子控制气息的能力；③"航线"的设计，可锻炼孩子的视动统合能力。

游戏道具：长绳子、硬纸板做的帆船（或其他船类）。

基础玩法：老师把长绳子放在地上，围成一个大圆圈。告诉孩子，这是一片"海洋"。把纸船放在圆圈内，让孩子用力对着"船"吹气，假想是在给"船吹海风"，让"船"在"海洋中航行"。

扩展玩法：

（1）在圆圈中画出"航线"，让孩子顺着"航线"吹海风。

（2）计时或孩子们比赛"吹海风"。

（3）尝试让孩子参与纸船制作过程。

（十三）在屋顶跳舞

游戏目标：①转圈圈能提供前庭刺激；②跟着音乐移动身体，有助于改善听知觉和韵律感；③在"烟囱"内走动能改善平衡感、力量和运动感觉；④挥舞纸带可锻炼孩子的手臂力量及跨中线能力；⑤刻意摔倒则提供了很棒的本体觉输入。

游戏道具：几个小板凳、较长纸带（若是数个孩子一起游戏，则需要数根纸带）、底垫。

基础玩法：老师告诉孩子，将房间的地面假想为房顶，小板凳是烟囱，孩子要在屋顶上跳舞。然后老师放音乐，孩子在房间里绕着小板凳绕圈圈小跑，同时手把纸带举起来挥舞。跑的时候注意不能碰到"烟囱"。

扩展玩法：可增加游戏儿童及"烟囱"数量，孩子间不能碰撞，在音乐停止或者孩子间有碰撞时，孩子要立即躺在地上。

（十四）走，去钓鱼

游戏目标：①画鱼、剪鱼有助于锻炼孩子的手眼协调能力、精细动作水平；②拿着短棍"精准钓鱼"，可锻炼孩子的视动统合能力及本体知觉。

游戏道具：纸鱼数条（可用硬纸板制作、鱼头贴有磁铁）、短棍子（一端绑着 60 厘米左右的线，线的下面是磁铁）。

基础玩法：

（1）老师把纸鱼散布在地上，让孩子拿着短棍，用磁铁吸引鱼头，假装去"钓鱼"。

（2）孩子钓到鱼后，用手把"鱼"从"钓竿"上拿下来，放在桶中。

扩展玩法：

（1）让孩子自己尝试画鱼、剪鱼。

（2）减小纸鱼大小。

（3）或让孩子直接用力把"鱼"从磁铁上甩出去。

第九部分

讨论与思考——家校沟通的"痛点"与"难点"

在前边的章节,我们分享了很多幼儿园老师在融合教育中可以运用的策略,且这些策略能为所有孩子提供支持。但我们也深知,学前融合教育是一件很复杂的事,不是幼儿园一方面就能单独胜任的,还需要与家庭建立良性的沟通与合作。

我们曾对从事融合教育工作的幼儿教师做过一个小样本的调查:"在幼儿园融合教育工作中,是家长让您更烦恼,还是特需幼儿让您更烦恼?"结果有超过80%(粗略统计)的老师认为更让自己烦恼的是孩子的家长。有的老师说:"即使孩子能力再差,在我眼里他们都是孩子,我觉得只要用心都能去应对,可是跟一些家长沟通、做思想工作真的太难了。"可见,有时家校沟通的"痛点"与"难点"其实在家长身上。

于是,我们又对特需幼儿的家长发起了调查。让我们看看家长们在"老师,我有话对你说"栏目中留下了什么困惑或心声吧!

【专栏 9-1】老师,我有话对你说(家长篇)(节选)

1. 我是陪读家长,从中班开始我就以助教老师的身份进入班级,全程陪同支持我家孩子,也经常帮助老师维护课堂秩序。但是到了大班,换了一个老教师,她觉得班里有家长在的话其他孩子会分心。我充分理解她,但考虑我家孩子课堂效率还不高,所以我提议在一些参与度低的课进行陪读,园长同意了,但是这个老师就是不同意,还说:"孩子挺好的,我们照顾得过来。"但现实中,这个老师只是边缘化他。所以,我到底应该怎么做才能让老师接受陪读呢?

2. 孩子去幼儿园融合有一学期了,目前感受最深的就是与老师沟通时,我总有种求老师的感觉。老师经常跟我抱怨说我们家孩子给她平白增加了多少工作量,弄得我心里又难受又委屈。请问老师的需求是什么? 家长能做什么?

3. 看到这个题目,我心情沉重。一提到班级老师,脑海里就浮现出我家孩子在幼儿园的那位班主任。我非常诚恳地和班级老师沟通,孩子从小班到中班都是半天幼儿园半天机构,每天在幼儿园的时间不超过 3 小时。即便如此,每次我好不容易有时间可以送孩子去上幼儿园,班级老师就在幼儿园门口,当着所有孩子和家长的面向我抱怨,说我的孩子会自己开门自己下楼,他们当老师的很紧张。我的孩子是有障碍,但是孩子并没有错,孩子发育迟缓但不傻,孩子能听懂、看懂、感受到老师对他的歧视和批评。我工作忙,好不容易有时间可以送孩子上一次幼儿园,是希望给孩子支持,让孩子开心一下。老师这样对待我,让我如何去理解老师? 如何同理老师? 想到这位班主任老师,我心里只有愤怒和不满。和老师在线上私聊,但老师总是很冷淡。按别人家长的建议,我的礼物也被拒绝了。到底应该怎样做才能让老师明白家长的心?

4. 我作为家长,总是担心孩子出现情绪问题、影响课堂纪律,所以有时感觉自己就是在低三下四地与老师沟通,一直战战兢兢、如履薄冰,压得自己都喘不过气来。所以我想问,老师希望家长如何跟她沟通呢?

5. 我孩子现在在幼儿园,但是我发现我和老师沟通的关注点都在孩子的问题上,我很少和老师提及孩子的优点。另外,自从有了影子老师,我顿时觉得轻松好多,经常和影子老师沟通,很少和班级负责老师沟通。我之前就觉得影子老师是管孩子的,和影子老师沟通就行,现在我发现这样好像是错的! 班级老师才是最应该多多沟通的,可到底要怎么沟通才能让班级老师多关注孩子?

6. 融合技术部分不是最难的,最难的是人与人的沟通。我家孩子也是需要我在幼儿园陪读的,在陪读的过程中我发现孩子没有社交或者是错误社交,比如用身体去撞别的同学,或者用力捏别的孩子。上课时间他有时候还会无聊发呆,老师有时候会喊他起来回答问题,把他从自我环境中拉出来,像这种情况我应该如何再去跟老师沟通,让孩子多跟小朋友互动,让孩子的融合能切实可行?

7. 很多园长和老师不接受特需幼儿入学,都认为特需幼儿有一些行为问题或者情绪问题,会影响普通孩子,但其实特需幼儿的很多行为问题在普通孩子身上也有,比如,普通孩子里也有那种一不顺心就各种躺地、大哭大闹的,而我家孩子算是情绪挺好的了,为什么老师还有其他家长要这么抗拒我家孩子去融合?

8. 孩子老师跟我沟通时经常说:"小白妈妈,你放心,孩子在幼儿园挺好的,我们会多关心他的。"可我遇到小白的同班同学跟自己家长说:"那个同学(小白)老是不听话,我们老师经常批评他,还让我们不要理他,我才不要跟他做好朋友呢!"所以,这就是老师所说的"关心"吗?

9. 我孩子社交不太好,我发现我也不擅长社交,但为了孩子融合,不能不跟老师社交呀! 所以我特意参加了一些家校沟通的培训,慢慢地我发现我们孩子的老师其实都是挺好沟通的,我觉得我是很真诚地去对话,所以老师们也能感受到我作为家长的不易。

10. 我觉得我们的沟通一定要以理解与尊重为前提，尽量让老师产生同理心，同时家长也要学会换位思考，老师也有他/她的难处。我虽然是小白的家长，但我觉得我跟老师的沟通是很高效的，因为我每次都会沟通清楚老师的需求是什么、希望得到什么具体的支持、希望家长做什么，然后我自己做事又是执行力很强的，所以我与老师沟通清楚后都会尽快去落实。家校沟通的目的不是老师说服家长，也不是家长说服老师，而是平衡双方的需求。

在家校沟通的过程中，的确经常会出现相互抱怨的情况。比如家长会抱怨教师信息传达不到位、工作不到位、态度不好，老师会抱怨家长把孩子的学习、行为规范、自理等完全推诿给学校，不配合工作等。双方不能做到相互理解，都只站在自己的角度看问题，这着实是家校沟通时的一大难题。

本章我们不做深入的解读，具体的家校沟通策略可参考另一本书《融合教育实践指南——家校合作实务》。但请各位读者朋友们就专栏9-1中提到的家校沟通问题进行思考和讨论：如果您是孩子的家长/老师，您会如何回应？如何做？

附　录

附录 1：学前融合 App 推荐

（一）听觉能力训练：看动物，听声音 App

这款软件包含 24 种动物和 12 种交通工具，点击每种动物会提示动物的名称以及动物的叫声，适合学龄前的孩子使用。孩子在游戏过程中通过卡通图片以及动物/交通工具的声音认识动物/交通工具，也可以模仿一些动物的叫声，或者听到动物的声音说出动物的名称。游戏操作简单，孩子也可以自己点击操作。

（二）认知能力训练：Action words App

这款软件通过 3D 动画展现一些动作，如"咬""吹"等，每个动画通过 2—3 秒的时间展现出来。对于只能说 1—3 个字左右的孩子，家长或老师可辅助孩子表达动词或动词＋名词，如"咬苹果""吹蜡烛"等。在孩子能表达短句后，可辅助孩子表达"××吹蜡烛"等，逐渐增加句子的长度，用简单的句子描述场景。这款游戏的场景很简单，所有的人物都是白色，颜色简单但是单调。

（三）发音清晰能力训练：Articulation Station

这是练习发音的一款软件，每人可申请一个账号保存每次学习的成果。每次可点击目标音如/p/，会出现单词、短语、句子和故事的学习。点击单词进入，左侧的按钮可进入以 P 开头的单词的学习，孩子通过示范和仿说进行练习，家长或老师可以点击"正确"或"错误"给孩子打分，家长或老师可自己控制学习的频率。

单词学完之后，可点击"matching"进行单词的训练。单词过关后，再升至短语的学习，滑动目标词的卡片，不断替换新的目标词。短语过关后，可再升至句子和故事。通过这款软件，孩子可与家长或老师一起学习，同时也能检验孩子的学习成果。

（四）听觉及认知能力训练：看动物，听声音 I Hear Ewe

App 包括常见动物和交通工具的声音，动物和交通工具的图片是以卡通形式呈现。按一下相应动物或者交通工具图片，会单独弹出该图片，并有语音提示："这是××的叫声。"该 App 可以作为识别常见动物和交通工具声音的教具，也可以让孩子学习辨识颜色、语言描述图片的特征，提高语言表达能力。

（五）语言表达训练：宝宝学说话

App 内容丰富，涉及儿歌、绘本故事、认识动植物、人际交往故事等多方面内容。内容有简单的，也有需要一定认知基础的故事，适合不同阶段的孩子。情节简单，时长适当，每个约 2 分钟。整体使用感觉还不错。只是在画面最上面会有小小的广告，孩子自己看时会易被其他画面干扰，建议大人陪同使用。

温馨提示：观看时长建议为 5—10 分钟；需要有家长陪同；画面颜色比较鲜艳，需防止对孩子视觉冲击过大。

（六）认知能力训练：宝宝交通工具

App 包括三种交通工具学习：双层巴士、工程车和雪糕车。它们都是孩子普遍喜欢的事物。游戏内容丰富，有司机的穿衣打扮、车辆的组装、相同颜色电线的连接、车辆行进过程中常见的场景、工程车吊起工程材料等情景，能锻炼到孩子的颜色和形状认知及配对及日常生活常识，比较实用。

温馨提示：可关闭背景音，降低背景音对孩子注意力的干扰；部分巴士车型及雪糕车游戏需要付费，其余免费。

（七）认知能力训练：学习巴士

内容丰富，有九大功能，几乎囊括学前阶段的认知、学业内容：

- 学数学（学数学、学数数、数水果、比大小、写数字、学结账）。
- 学拼音（学韵母、学声母、猜声调、猜拼音、写拼音、整体音）。
- 学音乐。
- 学颜色（点气球、学插花、过红灯、填色板、马卡龙）。
- 学形状（认形状、辨形状、摆物品、猜积木、翻甜点）。
- 学英语。
- 学动物（家禽类、猛兽类、水陆类、猜叫声、猜昆虫、爱钓鱼、狩猎者、恐龙骨）。
- 学水果（点水果、摆水果、树或地、榨果汁、水果冰、水果雨）。
- 学蔬菜（浇蔬菜、挖蔬菜、摘蔬菜、长在哪、蔬菜雨）。

内容难度有渐进性，可以从简单的学起，逐渐深入，泛化基本知识。提问方式多样、游戏方式丰富，易于泛化。

温馨提示：整体使用感觉很棒，但是画面上有广告弹窗，孩子自己看时会易被其他画面干扰，需要大人陪同使用。

（八）认知能力训练：宝宝巴士大全

这个软件一直以来都深受广大幼儿教师以及家长的喜爱，游戏种类多，而且都很新颖，包含了孩子要学习的大多数基础知识，下载使用都比较方便。

（九）认知能力训练：洪恩识字

卡通形象很好看，很受孩子的喜爱。软件中生字分为三个级别：零基础、学前和幼小衔接，总共 1300 个汉字。学习过程中还可以观看好看的汉字动画片，形象地引导孩子学习汉字。每个汉字的学习都有四个步骤，帮助孩子更好地记忆汉字，每个步骤还可以根据孩子的需要进行设定，十分个性化。同时配备练习题和组词说句，扩充孩子的知识面。

温馨提示：学习内容较少，无法进行小学后续的学习。有些内容较为简单，没有更多的难度梯度。

（十）听觉及认知能力训练：宝宝认声音

丰富的动画与真实的声音结合，能够帮助孩子具体形象地理解并记忆每种声音。三种孩子常见的事物类型，涵盖了孩子的基本生活，让孩子学以致用。特定的家长中心帮助家长及时了解孩子的学习情况，同时通过童锁设计避免孩子过度使用电子设备，损害视力。

温馨提示：该 App 常常推荐下载同系列其他软件，建议大人陪同使用。

【关于幼儿使用 App 的温馨提示】

App 虽好用,也要注意自我控制,此处有 10 条温馨提示:

- 时间把握:游戏时间不宜超过 30 分钟,最好 20 分钟后玩玩动态类游戏再继续(即动静态游戏相结合)。
- 兴趣观察:大人在孩子玩游戏的过程注意观察孩子对什么类型的游戏感兴趣,也许,那就是孩子喜欢的学习方式或者孩子的优势所在。
- 大人陪伴:孩子玩游戏的时间最好有大人在孩子身边用心陪伴并参与孩子的游戏(注意:高质量的陪伴不是指大人和孩子各玩各玩的电子设备)
- 视觉提示:对"不守时"的孩子,建议大人使用计时器作为视觉提示,引导孩子遵守"约定"。
- 活学活用:线上游戏最好可以在线下跟孩子一起玩,在线下的动态游戏中巩固复习线上的静态游戏。
- 多描述、少提问。
- 多鼓励、少指责。
- 多耐心、少急躁。
- 多引导、少指令。
- 多肯定、少打击。

游戏陪伴你我,让孩子们一起在游戏中快乐学习、快乐成长!

附录2：融合教育实践案例

《菜包和肉包一起变"熟"日子》

第一篇：新相识

作为一名资深吃货的蔡老师，尤其喜欢肉包。因此，得知自己将作为小肉包的影子老师进幼儿园提供融合支持时，蔡老师心里充满了期待，对小肉包有一种先期的特别喜欢，很期待自己这个"菜包"和肉包能慢慢变熟。

见到小肉包的第一面，蔡老师发现他人如其名，小肉包是一个安安静静的、乖乖的小男生，见到蔡老师也可以在提示下和蔡老师打招呼。但一开始上课，小肉包就出现了很多规则理解、执行、集体指令理解等方面的问题，同时也出现了大声尖叫、随意走动、坐不住等挑战行为。

经过一个学期的相处，蔡老师回想起和肉包一起成长的点点滴滴，发现这和制作小肉包的过程很相似。一起来看看小肉包的变"熟"过程吧！

第二篇：菜包和肉包一起变"熟"的日子

1. 变"熟"第一步

肉包在集体课上还存在比较多的困难：

第一，感知觉需求较大，课堂中只能坚持安坐10分钟左右；

第二，有需求或有想法的时候不会表达，只会用尖叫或大声说话的方式代替；

第三，学习内容难度较大，不能独立获取信息。

同时，蔡老师观察到：在影子老师服务之前，班级老师对于肉包主要采取放任的态度，缺乏规则约束，一日生活更以肉包的意愿为主（非乐观估计,这可能是绝大部分特殊幼儿在幼儿园的常态)。

因此,这个阶段的目标是建立基本的、常规的规则意识。蔡老师在和肉包初步熟悉之后,就为肉包制订了三条规则:

第一,上课保持安静,眼睛看老师;

第二,绝对不尖叫,有需求就用语言表达;

第三,遵守规则,不耍赖。

在执行规则的过程中遇到了很多的困难:首先,肉包不理解上述三条规则。蔡老师便将规则拆开讲解,并降低执行难度。如,第一天发出噪声5次,第二天发出噪声4次等。其次,肉包缺乏遵守规则的主动性。蔡老师便在每一次肉包遵守规则时及时进行表扬,而重点在于:提醒规则时小声只让肉包听到,表扬时尽可能让小朋友们都能听到。

在此过程中,肉包也会进行反抗,不断地触碰规则的底线。这种情况下,蔡老师一般是会先同理肉包的情绪,让肉包知道蔡老师是懂他的,他不需要尖叫,有话可以好好说。然后大力强化他好好说话的时候,并用语言反复在不同场景中和不同的人"刻意"夸奖"肉包可以做到好好说话!"

2. 变"熟"第二步

通过第一个阶段的练习,肉包已经能比较好地执行规则。但规则执行上过于死板,缺乏泛化,当学习的社交话术增加了以后,肉包会出现场景混用的情况。同时,肉包在遇到新问题时不知道如何表达。因此,这个阶段的目标为初步泛化相关规则。

在学习完"请让开""请松手""请帮忙"等社交话术后,肉包出现了使用情境混乱的情况,蔡老师会在所有的自由活动中给肉包设置不同的阻碍,辅助肉包区分使用不同的社交话术。一周以后,肉包对这些话术的使用情境有了初步的理解。另外,在泛化的过程中,蔡老师常常邀请班级里的融合小天使辅助提醒肉包关注教师指令。为了减少肉包对影子老师的依赖，在肉包初步建立了规则意识后，蔡老师基本不会主动给肉包重复班级老师下达的指令，要求肉包自己主动听老师的指令，或通过参照同伴行为来调整自己的行为。这时候融合小天使就起到了很好的作用。当老师下达排队、上楼、换鞋子等指令时，肉包常常听不见。蔡老师就引导融合小天使给肉包提示："肉包来排队""肉包快点走""肉包换鞋子"等（为了逐渐淡出影子老师的辅助）。

3. 变"熟"第三步

影子老师入园辅助的目的之一是促进孩子的社交，而能力则是社交的基础。蔡老师也发现肉包的兴趣较为狭窄，游戏形式较为简单，不能很好地激发其游戏动机。因此，蔡老师通过组织团体的社交小游戏，来帮助肉包学习基本的游戏规则和游戏技巧，为主动融入活动打好基础。因此，这个阶段的目标是丰富游戏技能，培养游戏意识。

蔡老师参考班级普通孩子及肉包的游戏能力，选择适合的团体活动，并邀请 5 个左右的普通儿童一起游戏。在游戏过程中，加入了等待、轮流、关注同伴、夸奖同伴等基本的游戏规则及技巧。经过一段时间的练习（大约一个月），肉包开始有意识地加入同伴的简单游戏，如追逐游戏、骑车比赛游戏、排队等待玩秋千、蹦床、滑梯等。

4. 变"熟"第四步

当肉包已经掌握了一定的游戏规则以及技巧以后，蔡老师便逐渐不再强求他参与社交活动，并发现肉包的社交主动性增强，而且在用自己可以接受的频率和方式进行社交。蔡老师只需要在发生矛盾时或社交活动产生前提出解决策略或者建议。

蔡老师在这个阶段常常建议肉包去玩一些游戏，当肉包表示拒绝或不愿意参与时，蔡老师也不会强求。但当肉包表示有兴趣参与的时候，蔡老师会鼓励他尝试，同时及时地给予一些辅助。而班级的其他同学对肉包的态度都相对比较温和，不少同学在肉包表现好的时候会模仿蔡老师的话——"肉包,你搭的/做得真好",这些话语都为肉包积累了社交的信心。另外,在社交过程中出现矛盾时,蔡老师也会引导肉包关注发生了什么事情、如何去解决。如有一次肉包在搭雪花片,其他同学的玩法和他的不一样(收雪花片),也没有意识到肉包在搭雪花片,所以就把肉包拿好的雪花片收走了,肉包不理解为什么这样,也不会和同伴交涉,所以情绪开始激动,出现了哭闹和打老师的行为。蔡老师请肉包和收雪花片的同学相互沟通,由收雪花片的同学讲述发生了什么,蔡老师再引导肉包回忆发生了什么,可以怎么解决,最后安慰彼此。当第二次、第三次再遇到相同的问题时,肉包虽然也会情绪激动,但没有那么严重,也是有所进步的。

第三篇:友情初探

还记得去年的菜包和肉包变熟的日子吗?经过一个学期的努力,肉包又迎来的许许多多的新朋友。一起来看看有哪些好玩的故事吧!

1. 距离产生美

肉包经过上个学期的建立规则和游戏技能积累,已经掌握了一些基础的社交游戏套路,于是便摩拳擦掌地开始了自己的社交之旅。他找到了烧卖(融合小天使),一个皮薄(很敏感)、馅多(能力强)、常露馅(规则意识薄弱)的耿直男孩当好朋友。

刚开始,肉包和烧卖会一起玩一些声音模仿、动作模仿的游戏,两个人也相安无事。随着时间的推移,肉包越来越喜欢烧卖,这时候肉包就开始出现一系列的不恰当社交距离问题,如:有事没事就摸一下烧卖的头顶、一看见烧卖就要上前亲亲抱抱举高高、玩游戏时常常近距离地看烧卖,结果搞得烧卖常常"不满甚至生气"!

蔡老师的策略是同理他人、将心比心、感同身受。每当肉包出现不恰当的社交距离问题时,蔡老师都会用同样的方式引导肉包感受体验,以达到"身受"的目的;接下来蔡老师会开始念"咒语":蔡老师抱肉包,肉包很痛；肉包抱烧卖，烧卖很痛以达到"感同"的目的，最后蔡老师给出建议"肉包轻轻抱"。慢慢地肉包在抱着烧卖时会主动说"肉包抱烧卖，烧卖很痛"；再后来肉包主动说"肉包轻轻抱"；最终，肉包可以做到独立轻轻地抱烧卖。

2. 你好！我好！大家好！

刚开学的时候，肉包用自己已经学会的几个简单的小游戏在班级里混得如鱼得水，吸引了烧卖、蒸饺、猪猪包等的关注。他们会一起玩动物模仿、简单地追逃、叫声模仿。

但是，随着时间的推移，众包们越来越想要玩难度更高、挑战更大的规则/假想游戏，而尝试新游戏对肉包来说是比较有难度的，蔡老师引导其他小朋友向肉包发出邀请，肉包却频频拒绝、忽视了他们的请求！最终，能和肉包一起玩的人越来越少！

蔡老师的策略是勇敢尝试，适当妥协，新游戏也会很好玩。蔡老师先观察其他小朋友的游戏，并且带着其他小朋友一起玩他们喜欢的游戏（满足需求），然后再和其他小朋友提出要求，想玩游戏就先邀请肉包（设置困难），最后蔡老师带领肉包玩一些肉包擅长的游戏角色，如转动陀螺、报时、追逐别人。

肉包本来比较拒绝，但发现能玩自己擅长的项目，也就慢慢愿意尝试了。游戏结束后，蔡老师也会和肉包总结："你刚才玩××游戏玩得很好。你敢于尝试很棒！今天你和××玩得很开心！"慢慢地，其他小朋友都会和蔡老师反馈："邀请肉包越来越简单啦，很开心！"

3. 爱屋及乌

肉包和烧卖经过前期的磨合已经可以和平相处啦！但两人到能成为很好的游戏伙伴还差点火候。烧卖喜欢玩建构类游戏，喜欢玩跑跳/骑车的游戏；肉包喜欢玩跑跳/骑车，但很抗拒玩建构类游戏。两个人没有办法长时间地一起玩游戏。

蔡老师的策略是喜欢他就可以尝试和他玩他喜欢的游戏。前期,蔡老师发现肉包想和烧卖玩,但又玩不到一起的时候,蔡老师都会建议/辅助肉包去尝试小小参与烧卖的游戏。完成后,烧卖也会及时给肉包一个很好的评价,慢慢地肉包可以努力做到和烧卖一起搭积木5—6回合。

4. 菜包有话说

作为肉包的影子老师,菜包和肉包已经相互陪伴了一年啦! 菜包看到肉包的欢笑与泪水,也是肉包能取得今天的进步的见证! 肉包从坐不住的欢脱男孩到如今的温柔绅士,从教室里的边缘男孩到如今的小红人,菜包表示很是欣慰,同时,菜包相信肉包的进步会越来越大,进步的速度也越来越快! 但天下没有不散的筵席,影子老师入园是为了撤离,肉包终须独立成长。下个学期,菜包和肉包相处的时间将会大大缩短,同时,肉包也将会迎来新的老师——糖包。肉包、菜包、糖包将会发生哪些精彩的故事呢? 我们拭目以待。

第四篇:肉包与糖包的欢快日常

为了孩子的成功独立,影子老师必须轮换! 不同的影子老师有助于成功退出工作的执行。于是,唐老师(糖包)来啦。来看看又有什么新故事吧!

1. 碰撞

肉包给糖包的第一印象是个软萌可爱的小绅士,说话软软的,动作萌萌的,真的像一个刚出炉白乎乎的肉包子。虽然很软萌,但刚开始的那段时间,肉包会在糖包坚持规则的时候尝试反抗,比如尖叫或躺地上。有时肉包也会采取怀柔策略讨好一下糖包,比如上课靠在糖包身上撒撒娇、走路的时候拉拉糖包的手。

糖包的策略是坚持规则,不能做的事情坚决不能做! 肉包违反规则时,糖包会先寻找原因并同理其情绪,再告诉他应该怎么做。久而久之,肉包能够意识到糖包没那么"好说话",已有的规则并不会因为菜包变糖包而有所改变。虽然偶尔还是会用尖叫表达自己的不满，但在口头提醒后能够立即认错并改正。

2. 行动派

这半年来，肉包对同伴及事物的好奇和想要得到的欲望越来越强烈，这说明行为泛化的好时机终于来临了！在这个过程中，虽然肉包的进步很大，但也伴随着一些问题。例如，如果肉包想要某样东西，他会用手指或直接抢，用行动表达他的想法，而不是用语言表达。

糖包的策略是在肉包对别人的美食下手之前，先他一步控制住手，然后提醒他要先问再拿。同时，教授物权概念——这是我的，那不是我的，不是我的就要保持距离。现在，肉包在拿自己喜欢的东西前会先询问老师，如果被拒绝了也不会反抗，而是开启话痨模式，反复说"这不是糖包的，这不是肉包的，这是老师的"，说服自己管住手，不能碰。

3. 小红人

还记得烧卖吗？这半年来，肉包和烧卖的感情可谓是"一发不可收拾"。自从肉包学会"轻拿轻放"之后，身边的小伙伴也是越来越多。但是友谊是个奇妙的东西，最重要的就是有来有回，而对于肉包来说，来和回都不容易。最常出现的状况有两种：第一，肉包想要和小朋友们一起玩，但不知道要怎么做，所以一直在周围徘徊；第二，小朋友们想要和肉包互动，但肉包不理他们，只关注自己的事情。

糖包的策略是丰富社交语言，增加游戏变式，见缝插针地给予肉包与小点心们的互动机会。初期，在肉包对社交感到迷茫时，糖包会开启解说模式，逐步教授肉包应该说什么话、眼神关注哪里，最重要的是坚持不懈地鼓励表扬肉包"一定能行、肉包是最棒的！"。渐渐地，肉包能够主动询问："我要玩可以吗？"然后和小朋友们一起愉快地玩耍。对于第二种情况，糖包会帮助寻找游戏中的趣味点，适当添加强化物以引起肉包的兴趣，绝对不让融合的机会从手心里溜走！

4. 未来可期

不知不觉半年过去了,糖包对肉包的辅助重点从基本规则转向了更高层次的内容。最近的肉包除了好好游戏以外,还致力于好好吃饭和好好学习。对于一个对美食充满向往但又有无限恐惧的隐形小吃货来说,好好吃饭显得尤其重要。为此,家长和老师可谓是使出了浑身解数,练就了一身好演技,终于让肉包发现了美食界的新大陆。

此外,肉包最近还练就了一项新技能:书写。肉包对书写有着很大的热情,时不时地就会用手指在桌上写写画画。自从拥有了自己的纸和笔,肉包每天都会问一句:"我要写 1 可以吗?"问得糖包好不欣慰,这孩子终于知道学习的魅力了!

在今后的日子里,肉包依旧会好好游戏、好好吃饭、好好学习,就让我们期待他的下一个惊喜吧!

附录3：幼儿园自理基础能力检核表（节选）

<hr>

儿童自我概念检核表

不主动、不配合的儿童，很大程度上和儿童的"积极的自我概念"有关，即"相信自己可以"的能力！"儿童自我概念"检核内容，能够帮助父母判断儿童的心智发展状况。如有存在相关表现的，请在对应的部分打钩。

1. 孩子是否习惯了他人对自己低自尊的评价，如别人觉得自己笨就总认为自己笨。　□是　□否

2. 孩子是否不愿意主动参与活动，如做早操认为自己不会做，就不做了。　□是　□否

3. 孩子是否不愿意主动与同龄幼儿交往，社交中总是畏缩不前，回避他人主动的发起，如同学说再见，不会回应。　□是　□否

4. 孩子是否回避参与同伴间的活动。如：两个人一起搭积木，不参与活动　□是　□否

5. 孩子是否等待别人来引领自己　□是　□否

6. 孩子是否在社交场景下表现出冷漠、袖手旁观　□是　□否

7. 孩子是否总是轻易放弃，觉得自己不行、不好　□是　□否

8. 面对他人的错误，孩子是否有明显的反社会行为，如打人等　□是　□否

9. 孩子是否总是容易焦虑　□是　□否

10. 孩子对新环境的适应是否表现出不良　□是　□否

11. 孩子很在意自己的弱点，总是询问为什么自己很差　□是　□否

12. 孩子是否总是错误看待挫折，如：认为都是别人的错、明明可以做到

却觉得自己不行 □是 □否

13. 孩子是否存在较多逃避行为,总以情绪爆发应对压力 □是 □否

14. 孩子是否缺乏乐观心态 □是 □否

15. 孩子是否经常因为害怕输而不玩游戏 □是 □否

16. 孩子是否过于在意输赢 □是 □否

17. 孩子是否不愿意接受挑战、对自己的表现不感到骄傲 □是 □否

18. 孩子是否总是认为自己在很多方面不如他人 □是 □否

19. 孩子是否常用负面的语言评价自己,如:"我很傻""我很差""我很笨"
"总是做不好" □是 □否

20. 在活动中,孩子是否不敢主动提出自己的需求、建议 □是 □否

21. 孩子是否常常不敢表现自己 □是 □否

22. 孩子是否不再期待通过自己的勤奋和努力去获得同伴的尊重 □是
□否

23. 孩子是否孩子上课回答问题声音小、不自信 □是 □否

24. 孩子是否表现得胆怯、内向、消极、缩手缩脚 □是 □否

解决方法:

儿童:心智个训+社交小组训练。

父母:参与社交训练营(线上学习+线下实操)

学前融合教育评估示例——儿童眼神能力检核表

眼神对视因其与儿童心智能力发展有十分紧密的联系,是心智力课程里的第一课。

基本目标如下:眼神对视、眼神追视、眼神参照、眼神分享、眼神选择、情绪眼神、情境眼神、沟通含义共八大主目标。

姓名:	性别: 出生年月:	设计者:戴玉蓉 记录者:

层级	检核内容	
1	眼神对视 —从熟悉对象到陌生对象的目标 —从成人到儿童的目标 —从短时间到较长时间的目标 —在不同方向的目标 —对视的功能性目标	在心智个训&家庭指导&小组&影子老师的情况下,能够做到:
2	眼神追视 —不同方向的目标:水平、垂直;多方向 —不同远近的目标:近处、远处 —动静的目标:静态、动态 —速度目标:快速、慢速、变速 —对象目标:追物、追人;人物转换 数量:单一、多个	在心智个训&家庭指导&小组&影子老师的情况下,能够做到:
3	眼神参照	—被动跟随式2步参照手指 —被动跟随式2步参照眼睛 —被动跟随式3步参照手指 —被动跟随式3步参照眼睛
4	眼神分享	—主动分享式2步分享手势 —主动分享式2步分享眼神 —主动分享式3步分享手势 —主动分享式3步分享眼神

层级		检核内容
5	眼神选择	—参考他人眼神被动选择 —主动用眼神选择 —选择后的眼神确定(肯定＆否定意义) —选择后的眼神＆肢体语言确定(肯定＆否定意义)
6	情绪眼神	—带有基本情绪的对视 —带有复杂情绪的对视 —带有情绪的眼神参照
7	情境眼神	社交小组情境： 课堂中听课情境：专注对视、渴望关注、争取机会的对视、逃避任务的对视 亲密关系情境的对视： 同伴交往情境： 陌生情境：陌生人＆陌生环境
8	眼神的沟通含义	确定对方在听我说话 确定对方明白我的说话内容了 让参与对话的人了解：我对你的话很感兴趣 让对方明白：我的话说完了，到你了 让对方知道：我喜欢和你说话 让对方知道情绪：我生气了/我不满意/我喜欢你/我渴望得到/我无聊了 友好的回应眼神："脑子不够用"的情况("— ** 给我玩具") 眼神可以寻求帮助 眼睛传达坚定的态度 眼神可以引起他人注意 用眼神来表达专注 眼神可以敷衍他人 表演的时候的眼神分享

以终为始，全生涯终身融合需要具备的学习品质

学前融合教育阶段的幼儿需要在幼儿园种下融合能力的种子——学习品质，学习品质具备包含以下内容：

1. 抑制力：学会克制冲动（思维和行为），核心是自我管理

当孩子的行为没有受到约束和抑制，孩子可能不太会控制自己的冲动，表现在随意离座，经常性发脾气，遇到不如意的事情就赖地不起，思维容易刻板，认为一切不如意都是别人的错。

我家小白表现：

2. 内驱力：内在学习/社交动机，内在控制力

当孩子的行为：

我家小白表现：

3. 内省力：学会为自己的行为负责

当孩子的行为：

我家小白表现：

4. 自我韧性力：积极的自我概念、不怕困难、能够坚持的韧性
当孩子的行为：

我家小白表现：

5. 思考力：主动思考后，具备求助和提问能力
当孩子的行为：

我家小白表现：

6. 联想力：抽象与想象。联想出行为后果，以及自己的行为对环境及他
人造成的影响
　　当孩子的行为：

我家小白表现：

7. 灵活变通力：兴趣广泛，解决刻板思维
当孩子的行为：

我家小白表现：

8. 执行力：任务启动与展开的流程，保持条理清晰

当孩子的行为：

我家小白表现：

9. 专注力：课堂学习的持续力和转换力；与人社交的持续力与转换力

当孩子的行为：

我家小白表现：

10. 问题解决能力：积极面对、不逃避，鉴别问题等级并用策略解决问题

当孩子的行为：

我家小白表现：

11. 合作力:换位思考基础上具备协商力

当孩子的行为:

我家小白表现:

12. 探究力:喜欢学习,主动学习;保持学习的好奇心,乐于尝试与探究

当孩子的行为:

我家小白表现:

为了我家小白顺利融入普通幼儿,接下来我将用个性化材料解决以下五个紧急问题:

附录 4：视觉材料集

《礼貌的小手》

适用情况：解决小白上课时不会/不敢/不知道什么时候去举手/手放好/鼓掌等问题。帮助小白学会更好地使用自己的手，做好课堂常规以及提高自信心。

使用步骤：

（1）画出手掌印，告诉小白这是礼貌的小手。

（2）出示与礼貌的小手有关的图片，告诉小白这样做是礼貌的。

（3）演示礼貌的小手。

（4）让小白自己画出手掌印，写出相关的内容。

（5）介绍自己的礼貌的小手，自我强化，提高自信。

使用效果：

在语言提示"如我喜欢你的小手有礼貌""这样做不礼貌"等，小白能够转变自己的问题行为，做出好的替代的行为。

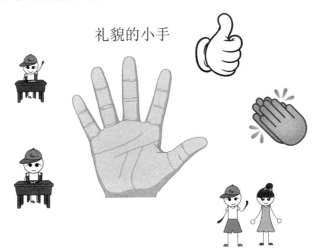

礼貌的小手

《我的小手会_____》

适用情况:解决孩子在课堂上不敢举手、在写字时出现畏难不想写、认为自己写得不好、不自信等问题。

使用步骤:

(1)画出手掌印,告诉孩子这是一双很厉害的手。

(2)出示与手有关的照片,说说照片上的手会做什么。

(3)结合孩子自身,让孩子说一说自己的手会做什么。

(4)让孩子画出手掌印。

(5)写出/画出相应的内容。

(6)小舞台,介绍自己的自信的小手。

使用效果:孩子在出现写字畏难情绪时,在老师的语言提示下,如"我相信你可以的""××的手会拿笔/拿笔很稳",能够逐渐减少老师的肢体辅助。

注意事项:该视觉材料在家中也可以使用,建议父母在家与孩子复盘,在生活中多夸奖孩子,提高孩子的自信。

我的手会____.

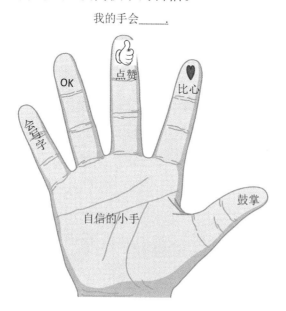

《我能控制自己的舌头/嘴巴》

适用情况:适用于舌头和嘴唇需要轻微刺激,会故意把舌头伸出来已经频繁咬嘴唇的小白。解决小白故意伸舌头/咬嘴唇挑战老师的权威的问题,预防小白频繁伸舌头和咬嘴唇产生流口水/把嘴唇咬破的现象。

使用步骤:

（1）让小白看自己伸舌头/咬嘴唇的照片,告诉小白这样不好看/嘴唇会红、痛。

（2）画一画。

（3）让小白进行涂色。

（4）演示。

使用效果:小白能够在语言提示下控制伸舌头和咬嘴唇的行为,极大减少了伸舌头和咬嘴唇的次数。

注意事项:要建议家长在日常生活中也给小白使用此视觉提示材料,让小白能够在出现伸舌头和咬嘴唇时及时控制住自己。

《声音的三点量表》

适用情况:不分场合喜欢通过大喊大叫来表达的孩子。通过声音的三点量表来帮助孩子学会控制自己的音量、预防孩子在课堂上突然大喊的问题。

使用步骤:

(1)画出小动物和相应的动作。

(2)练习演示小动物的声音。

(3)联系情境进行练习判断。

使用效果:使用之前小白情绪比较兴奋,会大笑、大喊,使用之后小白在课堂上能够控制自己的声音,减少大喊大叫。

注意事项:演示的过程中,老师的非言语(表情语气)要根据小动物对应的等级进行变化。

《我会控制声音》

适用情况：不分场合喜欢通过大喊大叫来表达的孩子，不理解在什么场景下用多大音量的孩子。通过视觉材料《我会控制声音》来帮助孩子学会控制自己的音量。

1	乌龟		上课听讲
2	小猫		上课讨论
3	老虎		回答问题
4	汽车		大声读书
5	飞机		大声求救

使用步骤：

（1）给幼儿听不同的声音，并根据声音大小进行排序。

（2）幼儿粘贴序号和图片。

（3）教师和幼儿分别使用不同声音等级说话，感受音量的变化。

（4）讨论制订不同场景应使用的声音等级。

（5）幼儿粘贴。

（6）教师示范句式"××时要用×号声音"。

（7）幼儿复述，加深印象。

使用效果：使用之前小白情绪比较兴奋，会大笑、大喊，使用之后小白在课堂上能够控制自己的声音，减少大喊大叫。

注意事项：过程中老师的非言语（表情语气）要根据对应的等级进行变化。

《我的声音》

适用情况：帮助孩子学习在不同的情境下使用恰当的声音，养成使用视觉材料控制自己声音的习惯，尤其是刚刚开始学习声音控制的时候适合。对声音的等级大小的认知偏弱儿童，先从《我的声音》三点量表开始。解决孩子在课堂上回答老师问题声音较小的情况，预防孩子因为声音小别人听不见而导致挫败的心理，也可以预防因为情绪障碍声音太大的情况。

使用步骤：

（1）教师在 A4 纸上写好数字 123。

（2）小白将数字剪下来。

（3）让孩子选择自己喜欢的颜色在数字上涂色。

（4）从 1 到 3 的顺序分别请出小鱼、小猫和小狗（卡片），学习这三种动物的声音，分别代表 123 的声音。

（5）画声音进度条，告诉孩子从左到右是 123，声音从大到小。

（6）再次复盘 1—3 的声音，奖励在进度条上涂色。

使用效果：

在个训课中，使用之前，小白需要较多的语言提示"安静"；使用之后，小白只需要老师用手点一点视觉提示材料就能够安静。

在班级中，使用之前小白回答问题时声音很小，需要老师很认真地听才能听到;使用之后,小白有时能够较大声地回答老师的问题。

注意事项:

(1) 如果孩子会剪、会涂、会写,尽量让孩子自己来做,有助于提高孩子的参与感,进而提升主动性,这样让孩子对视觉提示材料的使用效果更佳。

(2) 涂色的设计是因为这个孩子很喜欢涂颜色,有助于增强记忆力。

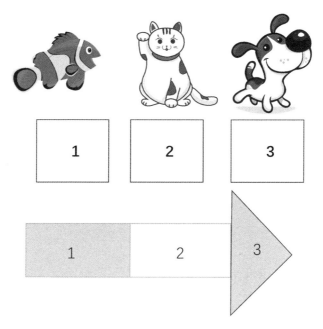

【升级版本】

使用步骤:

(1) 数字三步走:写数字、涂颜色、剪数字。

(2) 从1到3的顺序分别请出小鱼、小猫和小狗(卡片),学习这三种动物的声音,分别代表123的声音。

(3) 箭头三步走:画箭头(画2条横线、3条竖线、2条斜线)、剪箭头、箭头转转转(转到与声音数字相对应的情景)。

（4）复盘、奖励在箭头上涂色。

《声音控制小台阶》

适用情况：声音台阶主要给孩子在幼儿园内对自身音量的管理。与声音的三点量表相结合，适用于对声音的区辩能力、控制能力低的孩子，帮助孩子梳理不同场景所使用的不同音量。

使用方法：

（1）游戏启动。以逛动物园的场景带入，听到不同动物的声音，先拿好门票，再去对应的动物场馆。

（2）听一听。通过对声音的辨识来区分不同音量大小的动物，谁的音量大，谁的音量小。

（3）说一说。将动物按照音量大小放到不同的台阶上，并说明对应的音量。

（4）演一演。站到对应台阶上，用不同的音量来说话（音量控制）。

注意事项：可根据孩子的具体情况制定不同数量的台阶以及选用不同的场景。

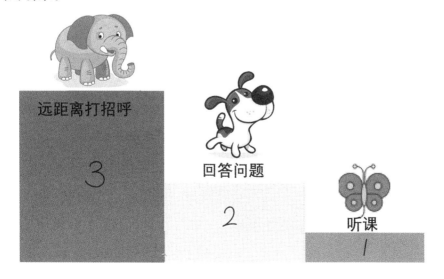

《哭闹红绿灯》

适用情况：减轻低龄幼儿对于新环境的不适，红灯表示停止，黄灯用数数来平静，绿灯可以选择想要的物品。

使用步骤：

（1）在幼儿哭闹时出示红灯，语言提示"安静"。

（2）当幼儿眼神关注到红灯，看向老师时出示黄灯，并开始数数。

（3）幼儿停止哭声时出示绿灯，告诉孩子可以选择物品。

停止　　　　　　平静　　　　　　保持

《我可以这样笑/哭》

适用情况：适用于对于情绪控制较弱、大哭和大笑时间较长、难以控制的小白。解决小白在课堂上突然大笑或大哭，影响课堂秩序的问题，预防其他小朋友被小白吓到，或者向小白学习不好的行为。

使用步骤：

（1）让小白看自己大哭或大笑的照片，告诉小白"不可以"。

（2）画一画，根据情绪选择颜色。

（3）说一说，说出什么样是可以的/不可以的、不漂亮的/好的、棒的、漂亮的。

（4）判断情绪，让小白判断情绪是可以的/不可以的、不漂亮的/好的、棒的、漂亮的。

（5）情绪匹配，让小白将情绪和对应的符号对应起来，确保小白明白了。

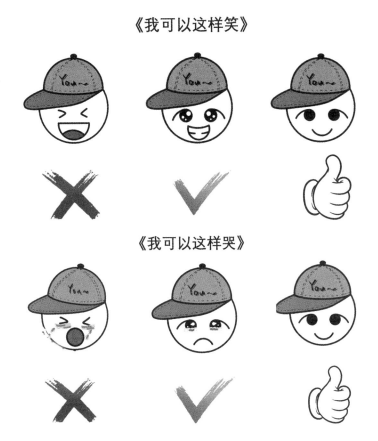

使用效果：小白出现大哭或大笑时，老师通过语言提示小白"不可以这样大哭/笑""这样不好听""想哭/笑可以的，可以小声地哭/笑"，小白能够减短大哭或大笑的时长，控制住自己的情绪。

注意事项：老师和家长沟通在日常生活中也要用同样的语言来提示小白，帮助小白在不同场景中学会控制自己的情绪。

《我会关注老师》

适用情况：对人的关注少、眼神关注少的孩子，解决孩子打招呼时不看人、不知道谁是班级老师、对班级老师的指令没有反应的问题。

使用步骤：

（1）让孩子看班级老师的照片，说一说老师的特征、分别是哪个老师。

（2）画一画，画出老师的简笔画，让孩子对老师的衣服进行涂色（当天的）。

（3）分别找出老师的特征，画在圈圈里。

（4）再次说一说老师的特征。

（5）将简笔画与照片对应起来，检查孩子是否对老师有印象。

使用效果：孩子能够在语言提示下，根据特征说出相应的老师，能够记住其中一个老师。

注意事项：要选择老师比较突出的特征，在班级中引导孩子说一说戴眼镜的是哪位老师，或者说一说××老师戴了什么东西，帮助孩子更好地关注老师。

《我的衣服》

适用情况：自我意识较弱，对自己的关注较少的孩子，解决孩子不知道自己的特征、物品、自己的东西掉了但没有意识的问题。

使用步骤：

（1）根据孩子当天穿的衣服来选择内容，让孩子看一看、说一说穿了什么衣服。

（2）画出简笔画，让孩子涂色。

（3）剪出衣服上的图案。

（4）贴到对应的位置上。

（5）复盘。

使用效果：使用前，老师需要肢体辅助孩子才会看向自己的衣服；使用后，孩子能够在语言提示下看向自己的衣服，对自己的关注度有提升。

注意事项：根据孩子的精细能力水平调整任务的难度。

《上课我能坐坐好》

适用情况：在课堂上需要多次提醒坐姿的孩子，解决孩子在课堂上伸腿、跷二郎腿的行为，预防孩子因为坐姿不良导致影响课堂上写字、画画等问题。

使用步骤：

（1）将孩子坐好的照片拍下来。

（2）与孩子说说照片上她的表现：手放膝盖上、脚放地板上、眼睛看老师。

（3）将照片放在显眼处让孩子随时看到。

使用效果：使用之前，小白需要较多的肢体辅助和语言提示；使用之后，小白只需要少量的语言和手势提示，且保持良好的坐姿时间增长。

注意事项：刚开始时可以先用孩子的照片，慢慢地可以尝试用简单的简笔画，方便老师随时都能制作视觉提示材料，也可以同时让其他孩子使用。

【升级版】

使用步骤：

（1）提前将照片中的眼睛、手、屁股、腿的部位留空。

（2）让孩子将身体部位一个一个粘上去归位。

（3）让孩子边说边粘，孩子说老师写。

《我会洗手》

适用情况：在幼儿园中对于洗手的流程还不太熟悉的孩子。解决孩子不会自己洗手的问题。

使用步骤：

第一轮：

（1）出示图片，问孩子"这是哪里""先做什么""挤什么"等。

（2）在出示的过程中进行演示，如搓泡泡、擦手。

（3）将图片贴在一张纸上，贴一张画一个剪头。

第二轮：贴完流程，完整地演示一遍，奖励在箭头上涂色。

第三轮：复盘。

使用效果：在使用之前，孩子洗手需要较多的语言提示和肢体辅助；使用之后，孩子只需要简单的语言提示。

注意事项：在出示图片时，老师所问的问题是根据平时对儿童的了解问的；演示的过程每一次尽量统一。

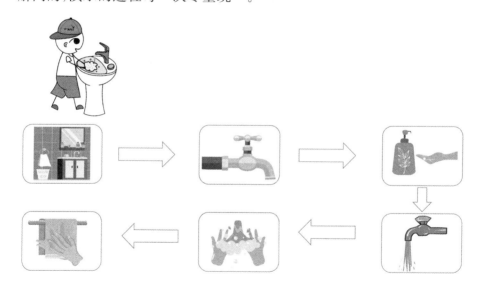

《吃饭流程图》

适用情况：对在园吃饭流程不熟悉、需要较多辅助的孩子，帮助孩子提高独立性。

使用步骤：

（1）画出每个步骤的相应物品，边画边说。

（2）让孩子给物品涂色，提高记忆。

（3）奖励孩子给箭头涂色，提升主动性。

（4）复盘。

使用效果：孩子能够从大量的肢体辅助和语言提示减少为少量的语言提示和手势提示。

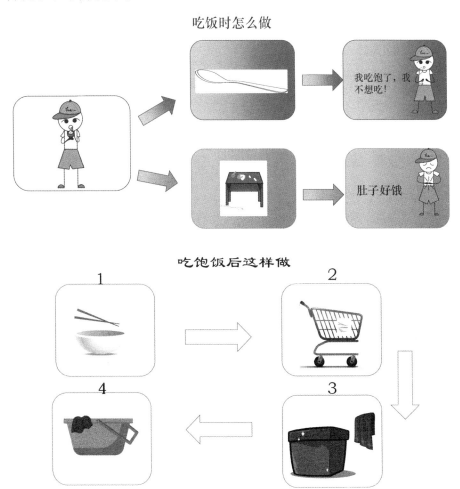

《我吃饭很棒》

适用情况：在园吃饭挑食、不愿意吃，喜欢撒娇让老师来喂等情况的孩子。预防孩子因为挑食产生营养不均衡的问题。

使用步骤：

（1）让孩子看自己光盘的照片、以及吃饭时的视频，夸奖孩子。

（2）画出餐盘和饭菜。

（3）让孩子说一说今天吃了什么饭菜并且强调是好吃的。

（4）让孩子进行涂色。

（5）让孩子画自画像。

（6）假想：把饭吃到肚子里。

（7）连线，让孩子自己选择连到相应的位置。

使用效果：孩子好好吃饭的行为得到强化，提高了吃饭的积极性，且能够独自吃饭，减少了喂饭的频率。

注意事项：需要大量的语言强化，让孩子知道饭菜是好吃的、好好吃饭的小朋友很棒等，让孩子自己说出来，自我强化。

《谁在交朋友？谁在欺负人？》

适用情况：通过聚焦到具体的社交言语和非言语线索，帮助孩子解决不能区分友谊和霸凌的问题，预防孩子在学校受到霸凌而不自知，减少社交方面习得性无助的产生，预防自卑情绪和厌学情绪的产生。

视觉材料：

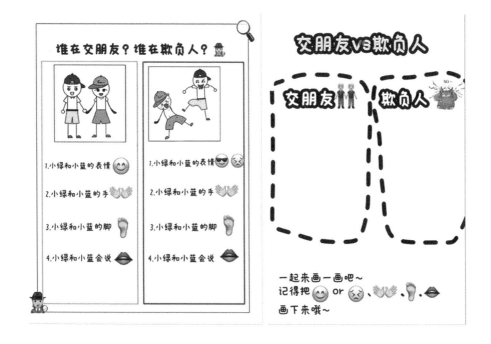

使用步骤：

（1）上课前需要提前打印好视觉材料，准备好教具（包括手偶、动物的头饰等）和用具（彩笔和纸）。

（2）说一说：

- 根据视觉材料引导孩子说出交朋友和霸凌的言语和非言语的线索，非言语的线索包括表情、肢体动作等。
- 根据间接语言提示（如提问）引导孩子说出交朋友和霸凌的言语和非言语线索。
- 在没有视觉材料的提示和老师的引导下，孩子能够独立地说出交朋友和霸凌的言语和非言语线索。

（3）演一演：

- 借助道具演绎交朋友和霸凌的情景，可以使用手偶、动物头饰等道具。

- 以真人的方式演绎交朋友和霸凌的情景。

- 需要注意的是：以上的演绎主要有两个角色，分为 A 和 B，老师和孩子需要互换角色进行。在演绎演的过程中使用 ABAB 的方式进行对话，如交朋友的情境中，A 可以说："我们一起来搭积木吧！"B 可以说："好呀。"在霸凌的情境中，A 为霸凌者，他会说："××你真是个大笨蛋！"B 会说："呜呜呜你骂我。"也可能会说："我不是大笨蛋，你才是大笨蛋！"老师帮助孩子尽可能地增加话轮。表演的过程中也需要演出非言语的内容，如开心、生气、难过的表情，握手、（假装）推搡、（假装）撞倒等肢体动作。

（4）画一画：根据材料让孩子在纸上画一画交朋友和欺负人的情景，引导孩子画出交朋友和欺负人时的表情、动作及语言。画完之后可以让孩子分享一下自己的作品，重点说出交朋友和欺负人这两个情景中的言语及非言语的线索。

注意事项：

（1）言语与非言语的引导。重点引导孩子观察视觉材料上非言语的部分，交朋友的语言和霸凌的语言依据孩子日常经验引导其说出来。

（2）辅助层级的使用。上课期间注意降低提示层级，减少呈现的信息量，最终是在不需要任何视觉、口语提示下，孩子能依据自然提示表达出友谊和霸凌的相关内容。

附录5:视听动能力检核表

特需幼儿的学习能力检核分为课堂参与学业能力、课后"学业"(游戏)能力及学习品质。其中课堂参与能力可以从听知觉、视知觉、视听整合能力(包括注意转换)及其他注意力进行评量。以下是视听动能力的检核表,班级老师可以依据此内容,检核特需儿童的学习注意力,帮助家长进一步分析幼儿学习能力的情况。

检核表填写说明:评估结果:完全没有(0);最多辅助下能做到(1);中等辅助下能做到(2);最少辅助下能做到(3);独立做到且次数超过三次(4)。

题项	检核内容	评估结果
1	能够持续追视他人的眼睛、手势或姿势	
2	注意力能够有效地在物和人之间转换,如:玩玩具时听到老师叫自己的名字,注意力会从玩具转换到老师身上	
3	眼神注意力能从物转到人,如:当有人叫名/走近时,眼睛会看他人	
4	在课堂的静态活动中能持续维持注意力,如:当老师讲解时,能够保持对老师的持续的视觉关注,不少于10分钟	
5	在课堂的动态活动(如:律动活动)中,眼睛会持续关注老师	
6	在课堂的动态和静态课堂活动中,眼睛能够关注同伴	
7	上课时,眼神能够在关注老师和同伴之间转换	
8	上课时,眼神能够在多方(≥3样)进行灵活转换,且保持较好的视听注意力	
9	能够通过追寻老师的眼光找到目标人或物	
10	能够安静地等待,眼睛期待地看着某事会发生	
11	能够积极思考老师的提问,看着老师举手,在得到老师的同意后起立发言	

（续表）

题项	检核内容	评估结果
12	能够以关注同伴表现的形式参与课堂学习,如:专注听同伴的回答	
13	能够以回应同伴表现的形式参与课堂学习,如:和同伴讨论、拍手称赞同伴等	
14	能够通过观察同伴,知晓当堂课的学习进度和情况,如:老师讲到哪里了、应该做什么	
15	在集体环境中,能够通过听觉注意、视觉注意来模仿同伴并完成1—2个简单指令	
16	能够参考同伴,和同伴一起回答问题、大声复诵	
17	听到安坐指令后,能观察同伴的行动并安坐,安坐时间不少于10分钟	
18	参与互动后,眼睛能够追寻到自己的位置并返回	
19	眼睛能够持续关注在人(而非物),并能够模仿1—2个动作	
20	听到排队指令后,能追视熟悉的同伴并排队	
21	在持续追视他人的同时能够模仿同伴的动作	
22	当有新物品出现时,眼睛会看向新物品,维持至少30秒	
23	对于教室中的物品,能够通过手指指向进行分享,与他人看向共同的物品	
24	在必要时能使用恰当的肢体动作,获得他人的视觉关注,如:课堂中着急上厕所时能举手跟老师示意	
25	看到非言语的视觉线索,能够理解并做出恰当反应,如:看到"停"的手势能够停下;看到"安静"的手势能够保持安静	
26	能安静坐着听课,视觉注意力维持不少于5分钟	
27	听到指令后,能够看着同伴并将物品传给同伴	
28	倾听他人说话时,身体转向他人并保持安静,注意力维持时间不少于1分钟	

题项	检核内容	评估结果
29	在集体课中,能坐下来听故事,视听注意力维持时间不少于3分钟	
30	能根据同伴的肢体语言或眼神来判断是否可以开始一起回答老师的问题	
备注:		

参考文献

[1] 黎文珍.心理健康教育[M].上海:上海交通大学出版社,2016.

[2] 夏青.情绪管理学[M].北京:光明日报出版社,2018.

[3] 魏曙光等.学前心理学[M].天津:南开大学出版社,2014.

[4] 马乔里·J.科斯特尔尼克著;王晓波译.0—12岁儿童社会性发展:理论与技巧(第8版)[M].北京:中国轻工业出版社,2018.

[5] 劳伦斯·科恩著;李岩译.游戏力:笑声,激活孩子天性中的合作与勇气[M].北京:中信出版社,2018.

[6] 大J.跟美国幼儿园老师学早教[M].北京:中国妇女出版社,2017.

[7] 朱霖丽,戴玉蓉.融合教育实践指南——家校合作实务[M].上海:上海交通大学出版社,2021.

[8] 戴玉蓉,朱霖丽.融合教育实践指南——影子老师操作手册[M].上海:上海交通大学出版社,2018.

[9] 朱霖丽,戴玉蓉.融合教育实践指南——写给班级教师的融合策略(小学版)[M].上海:上海复旦大学出版社,2022.

[10] 加利·兰德雷斯著;雷秀雅,葛高飞译.游戏治疗[M].重庆:重庆大学出版社,2013.